C A R L O S G H O S N

ルネッサンス

再生への挑戦

カルロス・ゴーン
中川治子［訳］

ダイヤモンド社

Renaissance

by

Carlos Ghosn

with Miguel Rivas-Micoud and Kermit Carvell

❖2001年3月期の業績発表。日産リバイバルプランの成果が出た。　［写真提供・共同通信社］

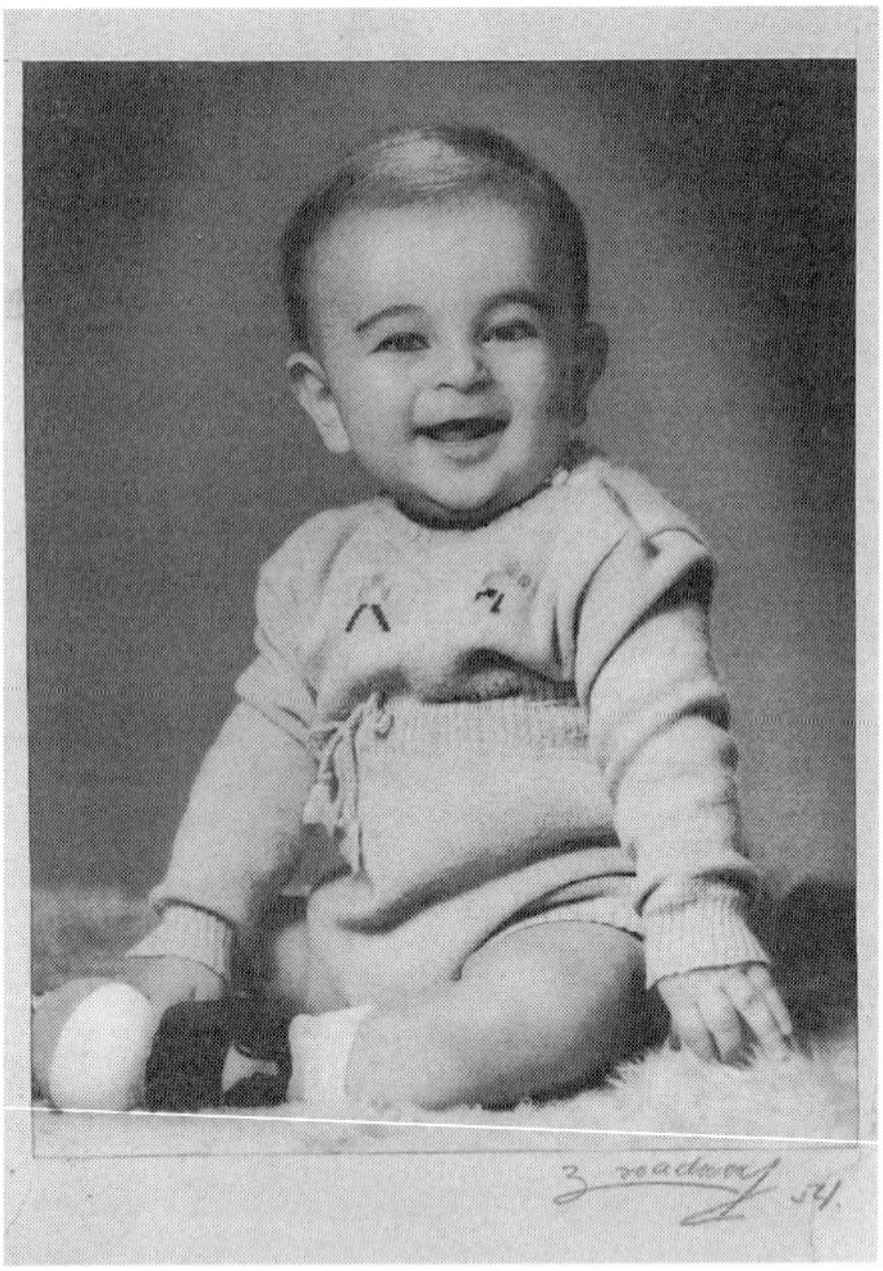

❖1954年、生まれた年に。

❖1970年夏、16歳のロンドン旅行。

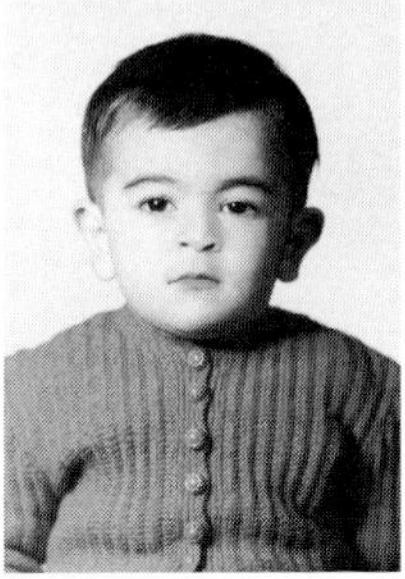

❖幼少のころ。

❖レバノンで初めての聖体拝領式。前から2列目の右から2番目が著者。

❖レバノンのノートルダム・カレッジの卒業式。当時17歳。後ろから2列目、中央の大きな眼鏡が著者。

❖ エコール・ポリテクニークで勉強の合間に。宙を飛んでいるのが著者。

❖従兄弟のラルフ・ジャザールと。

❖姉のクロディーヌと。

❖エコール・ポリテクニークでフランス革命記念日の軍事行進。小隊長を務める。

❖ミシュランのル・ピュイ工場長時代、職業人生で初めて与えられたデスクの前で。

❖リオデジャネイロの日本レストランで。向かって右が母のゼッタ、左が妻のリタとその友人。

❖ブラジルの教会であらためて挙げた結婚式。

❖ミシュラン・ブラジルのゴム・プランテーションで。

❖ミシュラン北米、10億ドルの投資を発表。
隣りはサウスカロライナ州知事、後ろは下院議長と州政府関係者。

❖「ゴーン・ガーデン」の滝の前でミシュランの面々と。

❖福島の販売拠点を視察。どこでも温かく迎えられた。

❖九州工場で。

❖福岡の販売拠点で。

❖栃木テストコースで約20種類の日産車に一気に試乗、周囲を驚かせた。

❖新装なった銀座・日産ギャラリーで新型スカイラインを発表。2001年6月18日。　［写真提供・共同通信社］

はじめに

ルネッサンス——それは復興を意味する。歴史的には、一四世紀から一六世紀にかけて、ヨーロッパで文化と芸術が復興した時代を指す。当時の芸術家、作家、思想家たちは、西洋文明のルーツをいにしえのギリシャ・ローマに求め、絵画や文学から科学、哲学に至るまで、古代ギリシャ・ローマ様式を取り込んでいった。ギリシャ・ローマ文化の復活は、中世ヨーロッパを支配してきた信仰のさまざまな足かせを断ち切った。

中世ヨーロッパの人々は、人は地上では苦しみを強いられるが、死ねば天国で永遠の報いを受けられると信じ、疑うことなく運命を受け入れた。「なぜわれわれはここでこうしているのか」と問われれば、彼らは口をそろえて「なぜならわれわれは常にこうしてきたからだ。これは神の定めなのだ」と答えただろう。

しかし、ルネッサンスの到来とともに、ヨーロッパの人々は再び人間を存在の中心に置くようになった。彼らはそれまで受け入れてきたやり方と牢固たる信念に挑戦した。古いドグマを捨て去り、物事を批判的に分析する思考方法を身につけ、目を開いていった。そして、芸術と科学の再発見へ、さらには新世界への旅へと乗り出していったのである。

今日、日産自動車ではもうひとつのルネッサンスが進行中である。

かつての日産がしがみついていた考え方とやり方は、グローバル市場の試練と必然性によって時代遅れとなり、日産には倒産の危機が訪れた。社員の多くは変革の必要性を感じていたが、これまでのしがらみに縛られて有効な手を打つことができなかった。

日産リバイバルプランは、経営の中心に社員を引き戻すことによって、日産ルネッサンスの幕を開けた。社員たちは従来のビジネス手法の有効性を問い直し、安穏とした心地よい伝統に果敢に挑戦し始めた。彼らは一度は失った自信を取り戻し、熾烈な競争下にある自動車市場でビジネスを展開していく足場を再構築した。そして、グローバル戦略の必要性を認識し、みずからの手で会社の進路を切り拓くという、本来の仕事に立ち返った。

日産ルネッサンスは、変革の必要性を痛感し、進んでリスクを引き受けた人々の物語である。彼らがいかにして会社への誇りと自分への自信を取り戻したかの物語である。

では、日産ルネッサンスにおいて私が果たした役割は何か？　本書を書こうと思い立った第一の理由はそこにある。

自分の私的な生活やプロフェッショナルとしての経験について、私がこれだけ多くを明らかにしたのは今回が初めてである。それどころか、私にとっては本を書くこと自体これが初めてである。私は日産の復活に至るまでの自分の人生を跡づけてみようと心に決めた。このところ、私個人に関する記事や本が数多く出版されているが、その内容を知るにつけ、自分の手ですべてを明らかにし、私が行ったことについての判断を読者に委ねたいと思うようになった。これまで私が下してきた決断の理由と根拠をぜひとも理解してもらいたいと思ったのである。

本書を書いた第二の理由は、日本が低迷から抜け出し、その高い潜在能力を存分に発揮するためには何が必要かという、昨今関心を集めている議論にささやかな貢献をしたいと考えたことにある。私がしてきたこと、いま日産で起きていることが何かの参考になれば幸いである。

ただし本書は、この通りやればうまくいくという絶対の処方箋ではない。企業の意思決定者にはたくさんの選択肢があるはずだ。日産リバイバルプランのアプローチと手順は、数ある選択肢のひとつにすぎない。だが、企業再建に力を尽くしてきた私の経験と洞察は、一部の日本企業を苦しめている難問の解決になにがしか役立つのではないだろうか。

私は日産に関係する多くの人々、そして広く日本の方々に、私たちがしていることを理解し、協力し、支えていただいたことへの感謝の気持ちを示したいと思っていた。これも本書を書くに至った動機のひとつである。

最後に、本書は何よりも日本のみなさんに読んでいただくために書いたということを記しておきたい。日本のみなさんは私と私の家族を温かく迎え入れてくれた。本書は言わばその返礼である。とはいえ、日本は、私が恩返しのつもりで何をしようと、とうてい返しきれないほどのものをこれからも与えてくれるに違いない。

カルロス・ゴーン

ルネッサンス——目次

ルネッサンス——再生への挑戦

信頼されることほど大きなチャレンジはなく、
その期待に応えることほど大きな満足はない。

プロローグ――私の流儀

いつもたずねられる質問

　私はよくこんなふうにたずねられる。

「ゴーンさんにはどんな秘訣があるのですか？　障害だらけの状況を克服し、人が白旗を掲げて降参するような厳しい環境下で会社を立て直す――どうしたら、そんなことができるのでしょう？　どこかで優れた先生から秘訣を授けられたのですか？　それとも本か何かで勉強したのですか？　ぜひゴーン流マネジメントの秘訣を教えてください」

この種の質問を浴びせられるたびに、私は途方に暮れてしまう。経済学は多少かじったが、ビジネススクールでビジネスやマネジメントに関する正規の教育を受けたわけではない。大学時代の専門はエンジニアリングだった。

ビジネスの世界で師と呼べる人はと問われても、誰かひとりだけ挙げることなどできない。四半世紀近いビジネス人生の中で、私はヨーロッパ、アメリカ、日本の多くのトップ・エグゼクティブたちと出会い、話をしてきたが、「これぞわが師」と呼べる唯一無二の人物に出会ったことはない。むしろ、トップ経営者から現場の労働者まで、出会ったすべての人たちがマネジメントに関して常に何か新しいことを教えてくれたのである。

生意気なようだが、どの本で会社の立て直し方を学んだのかと聞かれても、書物から学んだのではないと答えるしかない。その種の本を読む必然性を感じたことは一度もないからだ。たしかに他の人の仕事のやり方を知るのは興味深いことかもしれない。しかし、結局のところ自分で実際にやってみることに勝る方法はない。

年月を重ねるにつれて、マネジメントとは職人の手仕事《クラフト》のようなもので、秘訣などなく、実際にみずから手がけ、試行錯誤し、多くの重要な決断を下すことによって学ぶものだという思いが強くなった。

実際の経験をひとつひとつ積み重ねることで、マネジメントの効果を高める基本的なツールを発見することができる。そして、ひとつひとつの問題に挑戦することで、そのツールに磨きをかけて、明晰な決断を下すことができるようになるのである。

ゴーン流マネジメント

これではあまりにも月並みだと落胆されるかもしれない。「そんなことは分かっている。聞きたいのはあなたが成功した理由だ」と。

たしかに、黒板に込み入った方程式でも書いて、「このマネジメント方程式に従えば、あなたも会社を再建できます」と請け合えば喜んでもらえるのかもしれない。あるいは、「何か決断するときは、幸運のお守りを撫でて願掛けするんです」とでも言えば、納得してくれる人もいるだろう。しかし、残念ながら私にはこの種の方々に満足してもらえるような答えはない。

ことはいたってシンプルである。私は実地経験を積み上げてマネジメントのさまざまな基礎を学んだ。それだけのことである。基礎というのはつまり、問題を特定する、優先順位を確立する、あらゆるレベルで双方向コミュニケーションを促進するといった、言わばビジネススクールのマネジメント入門書に書いてあるようなことである。

こう言うと、「ゴーンさん、マネジメントの入門書を読めば、誰でも日産の社長になれるのですか?」という声が聞こえてきそうだが、読んだだけでは話にならない。すべては、読んだことを実行し結果を出してから始まるのだ。

「ゴーン流マネジメント・スタイル」を分かってもらうために、私が新聞の求人広告を読んでいると想像してほしい。広告にはこう書かれている——。

人材募集！
問題を抱える日本の自動車メーカーの再生を請け負う社長を募集。要、多文化環境でのマネジメント経験。成果主義マネジメント志向が強く、会社が直面する問題を分析的かつ明確に説明する能力がある人。問題解決にあたって部門横断的なアプローチを導入でき、自分の下した決断には進んで責任を持つ人。長期的な目標を視野に入れつつ短期目標に照準を絞ることができ、危機を脱した状況でも組織に緊張感を維持できる人。ユーモアのセンスがあれば尚可。

この条件なら、私こそ求められている人材だと自信を持って言うことができる。日産に来たとき、私はまさにそう感じた。これまでの人生とキャリアは、すべて日産で果たすべき役割のための準備だったのだと。

解のない問題はない

「ゴーン流マネジメント・スタイル」の進化の足跡を遡れば、一九七八年、ミシュランの新入社員として生産現場に初めて足を踏み入れたあの日に行き着く。難題を任され、過酷なビジネス条件下で人と状況を管理することに長けてくるにつれ、次第に「ゴーン・スタイル」が形作られてきたのである。

収益の上がる会社にしたいなら、マネジャーには問題の核心を見抜く能力が不可欠である。これは私が学んだ大切な教訓のひとつである。

これまで経営難に陥った会社を任されたときに、あらかじめ解決策が分かっていたことは一度もない。だが、ありがたいことに打開策を見つけられなかったことも一度もない。これはひとえに、機能不全で異常としか言いようのない事態に何度も遭遇したおかげで、どんな問題でも、核心を見抜くことができれば解決できるという自信が植えつけられたからだろう。「解のない問題はない」という格言の正しさを経験が実証してくれたのである。

まったく驚くほかないが、問題の全体像が見えていなかったり、思い込みにとらわれていたり、伝統や慣習が障害となっていたりするために、解決策を見出せないでいるマネジャーが実に多いのである。彼らは解決策を見つけることができず、問題にかすりもしない中身のない計画作りに終始する。そうこうするうちに、問題はますます複雑で対処しにくくなり、解決に至る道もいっそう険しくなるのである。

こんなふうに聞いてくる人もいるだろう。「マネジャーとして最大の能力を発揮するには危機感が必要だとお考えのようですが、逆に言えば、ゴーンさんは物事がうまく進み始めたら仕事への興味を失うということでしょうか?」

私のスタンスはこうだ。試練を恐れない。危機的状況に対応できる。仕事には緊張感を求める。私は数時間だけ会社に姿を見せて、あとはゴルフ場に向かうような類いのマネジャーではない。緊張感はゴーン流マネジメント・スタイルの必須条件だ。

では、危機的ではない状況ではどうすればいいのか。私は新しい目標レベルを設定したり、新たな挑戦の機会を与えるといった方法で緊張感を作り出している。会社がこういう形で危機意識を持続することができなければ、社員のモチベーションは明らかに鈍り、真の収益性にとって大切なことを軽視するようになるだろう。

入社して間もないころ、経営トップからほど遠い位置にいた私には、この種の緊張感を作り出す方法はなかった。会社の競争力を向上させるためにできることがもっとあると何度も感じたが、上司や同僚の中には高いレベルに到達しようという意欲が見られない人々がいた。経営トップにも社員を鼓舞するのに必要なリーダーシップが欠けることがあった。緊張感はトップが作り出さなければならない。これも私が身をもって学んだ教訓のひとつである。

教訓はまだまだあるが、そろそろ私自身のことについて話を始めようと思う。ここには「ゴーン流マネジメント・スタイル」のエッセンスと、その形成にさまざまな意味で影響を与えてくれた人々や出来事が登場する。本書を読んでいただければ、私のこれまでの人生や仕事について、そして、フランス国籍を持つブラジル生まれのレバノン系ビジネスマンが、どのようにして日本の大企業のトップへの道を歩んできたかを多少なりとも分かっていただけるだろう。

I部

形成期

1―ブラジルに生まれて

ブラジルに移民した祖父

私の一家の来歴はかなり入り組んでいる。時代は二〇世紀へと変わるころ、父方の祖父ビシャラがレバノンからブラジルへ移住した。彼が一三歳のときのことだった。

北海道の七分の一ほどの広さしかない小さな国レバノンは、祖父が育ったころはまだオスマン帝国の一部だった。国は一八四二年にキリスト教地区とイスラム教地区に分断され、宗教間の憎悪が高まった。とくにキリスト教徒たちの居住地区の大半が山間部にあったため、生活は困窮し、多くの人々がエジプトをはじめとするアフリカ各地や北米、南米、東アジアなどへ移民していった。今日でも、移民から本国に暮らす親族への送金が、レバノン経済の一端を担っている。

祖父は人々が細々と生計を営んでいた山間の寒村で暮らしていた。祖父の村からも多くの村人が南米へ移住した。村の人々は、故郷を後にする祖父に、ブラジルに着いたら連絡してみるようにと、村出身者の名前と住所を持たせてくれた。こうしてティーンエイジャーの仲間入りをしたばかりの少年は、自分の手で未来を切り拓くために未知の世界へと旅立ったのである。

船は三か月かけてブラジルに到達した。祖父は船の航跡を不安な面持ちで見つめながら、ここにはどんな未来が待ち受けているのだろう、知らない国でどうやって食べていけばいいのだろうと、不安な思いを抱えていたに違いない。教育と呼べるようなものは受けていなかったし、読み書きもできず、話せるのはアラビア語だけだった。しかし、彼は二度と後戻りはできないという現実を受け入れていた。残された道は前へ進むことだけだった。

移民としてブラジルの地を踏んだ彼は、大切なものは何かということを自力で見極め判断しなければならなかった。さもなければ、のたれ死にするしかなかった。ありつけさえすればどんなつまらない仕事でもやり、さまざまな職に就いた。そうこうするうちに、彼は日々接するブラジル人たちのポルトガル語を聞きかじり、読み書きを習得した。

成長するにつれて、彼は金を稼ぐ機会を見つける嗅覚を身につけていった。やがて雑貨店を開き、近くの農家で仕入れた作物を売るようになった。その経験から、ある地方の農産物を他の国内市場や近隣諸国へ輸出する商売を思いつき、会社を作った。そして、生産者と消費者の仲立ちをするブローカーとして活躍した。

第二次世界大戦が終わると、祖父は新たなビジネスを手がけた。当時、ブラジル政府は航空会社に対し国内線航空網の整備を奨励していた。これに目をつけた彼は、業務拡大を目指す航空会社の支店相手にエージェント、コンサルタント、仲介などのサービスを提供する会社を設立したのだった。これは家族にとって大きな一歩だった。のちに私の父は祖父のこの事業の一部を引き継ぐことになる。

祖父はブラジルの病院で外科手術を受けている最中に亡くなった。まだ五〇代だった。一九四〇年代後半のブラジルの医療水準は今日より遥かに低く、少し難しい手術になると生還できる確率は五分五分といったところだった。

残念なことに祖父は私が生まれる前に亡くなってしまったが、私は脳裡に生きていたころの祖父の姿をありありと思い浮かべることができる。両親や親戚や祖父の友人たちが、ことあるごとに祖父の話を聞かせ、彼の功績を讃えていたからだ。彼は裸一貫から自分と家族の未来を紡ぎ出した男だった。

大企業に就職し、大きな組織や組織網を後ろ盾に国から国へと飛びまわる。そんな今日の成功の尺度から見れば、彼の業績はそれほどめざましいものではないかもしれない。

いまの世の中では、わずか一三歳の少年が船に乗って見知らぬ国に辿り着き、新しい人生を切り拓くなどという話は想像すらできないだろう。それは、いまではできない経験だった。しかし、時が流れ世の中が変わっても、祖父に備わっていた資質、すなわち決断力と集中力と前向きな姿勢は、今日の人生の試練にも十分通用するものである。

父の結婚

父のジョージはブラジルで生まれた。彼をいれて男四人、女四人の子どもの大家族だった。レバノン系ブラジル人の例に漏れず、彼もまた故郷で暮らす親族との絆を保つためにたびたびレバノンに戻った。

ある年、彼は結婚相手を探すためにレバノンの祖父の村に戻った。村の人々はひとりの娘を紹介し、由緒正しい家柄だ、間違いなく良い妻になると太鼓判を押した。彼女の名前はローズ。両親はヒメバラを意味するロゼットという愛称で呼んでいた。やがて彼女はゼッタと呼ばれるようになり、いまではゼッタのほうがすっかり定着してしまった。

母も移民の家系の出だった。母の父親はレバノンからナイジェリアに移民し、自転車からピーナッツまでさまざまな商品を扱う貿易会社を作って生計を立てていた。

レバノン人家庭では、子どもが学齢に達した時点で妻子をレバノンに帰し、父親は外国に残り、生活費と教育費を送金するというパターンは珍しいことではない。母は西アフリカ、ナイジェリア近くのフランス統治下の町で生まれ、フランス国籍を取得した。彼女は学校に入るまでこの地で暮らし、その後、母親と一緒にレバノンに戻ってフランス系の学校に入学した。母は小説でも映画や食べ物でも、とにかく大のフランス好きで、親仏家を自称してはばからない。

父と母はレバノンで出会い、互いを気に入り、結婚する決心をした。彼女の両親も結婚を認め、娘が働き者の夫を見つけたことを喜んだ。二人は結婚し、短期間ながらそのままレバノンで暮らし始めた。おそらく父は、最初からブラジルで暮らすのは酷だろうと案じたに違いない。当時、父は祖父の事業の一部を引き継ぎ、アマゾン地域の航空網を開発する仕事に携わっており、ブラジル奥地のポルト・ベーリョと呼ばれる町で事業を営んでいた。その関係で、新婚間もない二人はやがてこの地で暮らし始めることになる。

熱帯での生活

ポルト・ベーリョはブラジル西部、ボリビアと国境を接するロンドニア州の州都である。市の北東を横切るマデイラ川は二〇〇〇マイル先でアマゾン川に合流する。ここはブラジル北西部で穫れた農産物を船で国内・国外市場へ輸送する拠点であり、開拓者やビジネスチャンスを手に入れようとする人々の一大拠点でもあった。今日では、大自然の景観や、壮大なテオトニオやサン・アントニオの滝を一目見ようと人々が集まる観光地となっている。

しかし、五〇年前のポルト・ベーリョは発展途上にあり、生活条件は過酷なものだった。いちばん近い隣町とのあいだの交通手段はおもに列車か川舟だった。気温も湿度も高く、熱帯特有の病気を媒介する蚊がそこら中に飛んでいた。川にはピラニアがいて、暑さしのぎに泳ぐこともできなかった。飲み水は湯冷まししか口にできなかった。人々はその日暮らしで貧しく、貧困と過酷な生活条件から両親を亡くした孤児たちが食べ物や金品を乞い、間に合わせに作った掘っ立て小屋や路上で寝起きしていた。

一九五四年三月九日、私はこの町で生まれ、赤ん坊時代を送った。私は第二子で、三歳上の姉のクロディーヌも同じ町で生まれた。二人の妹、シルヴィアとネイラはのちにレバノンで生まれた。

ポルト・ベーリョ時代の記憶はほとんどなく、母や姉から聞いた話しか残っていない。姉の話では、私は彼女に比べて非常におとなしい赤ん坊だったらしい。姉のほうは本人いわく、かなり活発でおしゃべりな子どもだったそうだ。当時は子どもが原始的で非衛生的な環境で遊ばないように、常に親が目を光らせていなければならなかった。そんなときに私が生まれ、姉は仲間ができたととても喜んだらしい。

両親は姉に、「生水を飲むんじゃないよ！　川に近づいてはいけないよ！」と口うるさく言い聞かせていた。しかし、親がどれだけ注意しようと、子どもを危険から完全に守ることはできないものだ。

私が一歳になったとき、両親は家事や子どもたちの世話を手伝ってもらうために村の娘を雇った。ところがある日、娘はうっかり赤ん坊の私に生水を飲ませてしまい、そのせいで私は重い病気にかかった。

両親は医者の処方薬が効かないので心配になった。医者は病気を治したいならポルト・ベーリョを離れ、気候が穏やかで水がきれいな土地に移るよう忠告した。

しかし、父は仕事でこの地を離れることができなかったため、家族は別れ別れに暮らすことになった。とりあえず母は姉と私を連れてリオデジャネイロに移り、様子を見ることにした。リオの街はずっと衛生状態がよく、湿度も低かったが、気温は相変わらず高く、結局、私は完治には至らず病気がちで体の弱い子ども時代を送った。

レバノンへ

やがて私の家族も、父親がブラジルに残り、母親と子どもがレバノンに戻る時が来た。私が六歳のころだった。思うに、このとき両親はつらい選択を強いられたろう。私たち一家も、故国を離れたレバノン人家族たちと同じ道を辿ることになった。父に会えるのは彼がレバノンに戻ったときと、私たちがブラジルに旅したときだけだった。

別れて暮らさざるを得なかったが、家族の絆は強かった。どこで暮らそうとレバノン人家族には強い絆がある。家族に対する責任、よき父や母として、よき扶養者としての責任は何にもまして優先される。こうした家族観はレバノン人文化に深く刻み込まれている。

私の両親はいまの親たちに比べると非常に厳格だった。姉と私は両親の定めた家庭のルールに従わなければならなかった。食事の時間も決まっており、その時間には手を洗ってテーブルに着いていなければならなかった。就寝時間が来れば二人とも電気を消してベッドに入らなければならなかった。

しかし、いまにして思えば、両親が小さいころから厳しくしつけてくれたおかげで、私は規則正しい生活習慣を身につけることができた。そして、与えられた期間内にさまざまな仕事を整然とこなせるようになったのである。

もちろん、彼らはルールを押しつける厳しいだけの親ではなく、よき助言者でもあった。父も母も常にためになるアドバイスをしてくれた。よほど問題のあることをしたときには厳しく警告もしたが、私の人生に口出しをして、この方向に進みなさいとか、こういう職業に就きなさいなどと言ったことはなかった。

レバノンで過ごした子ども時代や一〇代前半の時期、家庭の中心は常に母親だった。彼女は現実的で愛情にあふれていた。過保護にはならず、自分で考えて正しい判断を下せるだけの自由を与えてくれ、必要なときは必ずそばにいて精神的な支えになってくれた。

両親の子どもたちへの接し方には感謝の言葉しかない。だから、私も自分の子どもたちに同じように接するように努めている。親がアドバイスを与え導くことによって、いつの日か私の子どもたちも自分で道を切り拓いていくことだろう。

2——学生時代

レバノンで初めて会ったとき、私たちは八歳でした。私たちはすぐに仲の良い友達になりました。二人とも同じクラスで、ほとんど片時も離れず一緒に遊んでいました。彼が非常に頭の良い賢い生徒だったことを憶えています。いつもイニシアティブをとっていましたが、そこはいまも変わらないようですね。——ジャド・ネメ（レバノン在住の神経外科医）

ノートルダム・カレッジ

ハイスクール時代は人生最良のときだと言う人が多い。束縛も悩みもなく、あれほど自由でいられるときは二度とないとも言う。私の場合は必ずしもそうとは言えなかったが、レバノン時代でいちばん強烈に残っているのは、一〇年近く通ったイエズス会系の学校、ノートルダム・カレッジにまつわる思い出である。

一〇代になると、私は規律を乱す問題児になった。授業が退屈で物足りなくなると、何かいたずらして授業の邪魔をしたくなった。そんなときはいつも先頭に立って何かしでかしたものだった。

忘れもしない一一歳のとき、私は髪を長く伸ばし始めた。イエズス会系の学校には男子生徒の髪の長さを定めた厳しい規則があった。案の定、教師がやってきて私に言った。

「ゴーンくん、君の長髪を見ていると、自分の信仰に疑問を感じてくる。ひょっとして人間は猿から進化したという説は正しいいんじゃないかとね」

私は後先も考えず、ジョークで応酬した。

「でも先生、先生を見ていると、人間は猿に退化していくという説のほうが正しいように思えますが」

この教師にユーモアはまったく通用せず、よほど腹に据えかねたのか、私は罰として居残りを命じられた。

この程度のたわいないいたずらやジョークで、私は問題児の烙印を押された。実際、卒業アルバムの写真の下には、編集委員が洒落たコメントを付けてくれた。「カルロス・ゴーン——将来は南米ゲリラのリーダー?」

放校の憂き目に遭わなかったのは、成績が良かったためだ。私は競争意識が非常に強かった。何かを競うとなると必ず参加し、おおむね良い結果を残した。努力して能力を最大限に発揮する生徒を学校は評価し、良い成績を残す生徒には寛大な姿勢を示した。私はおそらく他の生徒以上に寛大に扱ってもらったように思う。

私はこと勉強となるときちんとやり遂げたし、集中力もあった。宿題を終えるまでは休まなかった。まるで体を机に縛りつけているみたい、と姉にからかわれた。学校へ通い始めたころから、私はやらなければならないことには真剣に取り組む子どもだった。

神父の教え

ありがたいことに、私の通っていた学校には優れた教師がたくさんいた。優れた教師は授業に自分の個性を反映する。私は授業に興味を抱かせ、難しいことを簡潔に説明する先生を尊敬した。S・J・ラグロヴォール神父がそのひとりだった。

彼は高齢のイエズス会神父で、フランス文学に傾倒していた。彼には生徒の好奇心と想像力を駆り立てるというまれに見る才能があった。詩を教えるときは、抑揚たっぷりに情熱的に朗読した。詩の言葉と韻は私たち生徒の耳を心地よい響きで満たし、詩の言葉に込められた美しさと情感が伝わってきた。

ラグロヴォール神父はその後の人生にも十分通じる教訓を与えてくれた。物事には明晰さ、簡潔さが必要だという教訓である。また、正しい人生を追求することがいかに重要かということも語ってくれた。

「アマチュアは問題を複雑にし、プロは明晰さと簡潔さを求める」

「まず耳を澄ませなさい。考えるのはそれからです。大事なのは、自分の考えを可能な限り分かりやすい方法で表現するよう努め、何事も簡潔にし、自分でやると言ったことは必ずやり遂げることです」

彼は生徒たちにさまざまな課題を与え、フランス文学に対する情熱を生徒たちと共有したいと願っていた。詩であろうと、ビジネスや人生であろうと、何事も情熱を持って取り組まなければ、核心に到達できないということを彼は教えてくれた。

私は教育にかける彼の熱意に打たれた。彼は純粋で飾らない人だった。レバノンの若者たちに一生の糧となる人生の美を教えるために、故国フランスと決別し、異国の地で暮らしていた。生徒に教えるという満足感のほかには何の報いも受けることなく異国の教壇に立つ——生徒にも大人たちにも、わざわざそんな道を選びたいと思う者はいなかっただろう。なぜ彼にはそんなことができるのだろう。私には彼のすべてが謎だった。

ラグロヴォール神父は私に深い影響を与えた。彼にフランス文学を習い始めたのは私が一四歳のときで、ちょうど人生の手本となるような人間を探し始める年ごろだった。彼は明らかにそういう人間のひとりだった。しかし、ひとりの人間に自分が求めるあらゆる特性が備わっているわけではない。人はさまざまな人間に出会い、それぞれの長所を学び取り、それを再構成して自分の中に組み込み、独自の個性を作り上げていくものである。

彼が私の中に残してくれた影響がどれだけ強いものであったかに気づいたのは、あれから三〇年もたって日本に来てからだった。彼は多くの教訓を与えてくれた。「分かりやすい人間であれ。明晰な言葉で説明せよ。やると言ったことはやり遂げなさい」。いずれも日産の再生を目指した私の姿勢に反映されている。ラグロヴォール神父は一五年前に亡くなられたが、彼の教えはいまでも私の中に息づいている。

エコール・ポリテクニークへ

人生の方向はちょっとした偶然や幸運によって変わることがある。振り返ってみると、私にも人生の方向を変えるいくつかの転換点があったことが分かる。

パリのエコール・ポリテクニーク（国立理工科学校）でエンジニアリングの道を選んだのも、自分の意志だけというわけではなかった。大学進学のためのフランス行きに前後して、いくつかの状況が重なったのである。私がビジネスの世界に入るに至った経緯を話しておこう。

イエズス会系の学校で過ごした最後の三年間、私は意欲的に勉強に取り組み、トップクラスの成績を収めた。近づいてきた卒業を前に、私は良い学校に進学するというだけでは飽き足らず、最高の教育を受けたいと考えた。

私の前には、フランスの大学を選ぶかアメリカの大学を選ぶかという大きな選択があった。フランスを選んだのは、フランス語が話せたこと、母がフランス国籍だったこと、レバノンでフランス文化に触れ、イエズス会系の学校でフランス式教育を受けてきたことなどが影響していた。すべてがフランス行きを指し示していたのである。私はフランスの教育制度を知っていたし、バカロレア（大学入学資格）の条件も満たしていた。

アメリカについてはＭＩＴ（マサチューセッツ工科大学）に進む可能性を考えていた。しかし、アメリカの教育制度をよく知らなかったうえに、学費が高すぎた。フランスの教育制度はより開かれており、成績が優秀なら学費を払えない者でも受け入れてもらえた。そんなわけで、大学に進むならフランスしかないと判断したのである。

フランスを選んだ私は、次に理工系大学とビジネススクールのいずれに進むべきかで迷った。私にはフランス有数のビジネススクール、オート・エチュード・コメルシアル（ＨＥＣ＝経営大学院）を卒業した八歳上の従兄弟ラルフ・ジャザールがいた。八歳も年上の従兄弟といえば憧れの存在である。ラルフは銀行に勤め、パリにアパートメントを持っていて、フランス人女性と結婚していた。私は彼の率直で自信にあふれた人柄こそ成功のシンボルだと憧れ、自分もラルフのようになりたい、同じビジネススクールに入ってビジネスの世界へ進みたいと思うようになった。

そこで、私は彼に履歴書を送り、彼の卒業したＨＥＣを目指す準備学級に推薦してほしいと頼んだ。ＨＥＣはエコール・ポリテクニークなどとともにグランゼコール（高等専門大学）と呼ばれる。私はバカロレアに合格していたので、一般大学なら無試験で進めたのだが、グランゼコールであるＨＥＣに進学するには、準備学級で二年ほど準備し、難しい入試に合格しなければならなかった。彼はさっそく私の履歴書や成績証明書などの書類を提出してくれた。

ところが、準備学級の校長は私の書類に目を通すと、数学が飛びぬけてできるようだからビジネススクールではせっかくの才能が無駄になる、と従兄弟にアドバイスした。従兄弟も私にエンジニアになるべきだと勧めた。フランスのシステムではこういうことになる。フランスの評価基準ではまず最初に来るのが数学、次が物理、あとはどの科目も同じである。

ラルフから「マテマティック・シュペリュール（数学専攻コース）に申し込んでおいたぞ。エコール・ポリテクニークの準備コースだ」と告げられ、私は驚くと同時に少しがっかりした。準備学級の名前はサン・ルイ、校舎は寮も完備されたスタニスラス校だった。

心はすっかりビジネススクールに飛んでいたのに、思うようにことが運ばず落胆した私に、従兄弟はこう言った。

「いや、落ち込まなくていいんだ。校長先生はエンジニアリングが嫌なら途中でビジネスのほうに変わったらいいと言っていた。とりあえず数学で始めて、嫌なら他に移ってもかまわないと約束してくれたから大丈夫だよ」

それならと、私も納得した。「分かった。やってみるよ」

こうして私は準備学級に進んだが、最初の三か月は地獄だった。パリでの暮らしと本格的なフランス語の授業に慣れるのに精一杯だったからだ。成績はひどいもので、クラスで最も出来の悪い部類に入ってしまった。最初の三か月の成績を見て私は非常にあせったが、とにかく数学コースを続け、もっと勉強して成績を上げようと決意した。

最初につまずいたことは、自分はクラスの最後尾にいるような学生ではないと奮起するきっかけとなった。次の三か月で成績は向上し、一年後には晴れてエコール・ポリテクニーク特別準備コースに合格することができた。

フランス最高峰の理工系グランゼコール、エコール・ポリテクニークはフランスのエンジニアたちのメッカである。ここはフランス陸軍の管轄下にある唯一の技術系大学で、首尾よく入学した暁には一定の給料までもらうことができる。これは自分で学費を捻出しなければならない学生にとっては魅力的だった。この学校はナポレオンが創設し、歴史も長くさまざまな特典があることで知られている。

エコール・ポリテクニーク在学中も、のちのエコール・デ・ミーヌ（国立鉱山学校）在学中も、私は自分の将来についてほとんど考えていなかった。この種の学校を卒業すれば、興味の持てる重要な仕事にはいくらでも就けると分かっていたからだ。私は勉強することに集中し、どんな未来が拓けるかは成り行きに任せようと思っていた。

カルチエ・ラタンで過ごした日々

パリでは一貫してカルチエ・ラタンで暮らした。歴史の匂いがする、芸術家や知識人やボヘミアン的な生き方ゆかりの地である。私が通った三つの学校——サン・ルイ、ポリテクニーク、ミーヌ——はいずれもパリのこの狭い一画にあった。

授業に出たり、美術館を訪ねたり、講演を聞いたり、外国からの留学生たちと出会ったり、私は七年ものあいだこの界隈で暮らした。だから、どんな通りでも店でも、克明に想い起こすことができる。学生時代というのは母親の耳に入れたくないようなこともするものだ。だから、あのころの暮らしを詳しく話すわけにはいかないが、勉学にも遊びにも打ち込んだカルチエ・ラタンでの生活は、文化的にも人間的にも非常に豊かなものだった。

エコール・ポリテクニーク時代には課外活動にも精を出した。サッカーをやったり、アメリカン・テーブルの会長も務めたりした。

アメリカン・テーブルというのは校内に設立された小さな寄り合い組織だった。月二回、パリのアメリカ人留学生と集まり、夕食を食べながら文化や政治の話、勉強のことなどを話し合った。この夕食会は異なる文化を持つ人々に出会いの場を提供するものだった。

アメリカ人留学生とは夕食のあいだは英語で話したが、そのあとは気楽に連れ立ってパブなどに繰り出し、酒を飲んだりゲームをしたりして楽しんだ。このときはみなフランス語を話した。夕食会に出たり、みなと連れ立って街に繰り出すうちに、多くのアメリカ人の友人ができた。

ちなみに、私が最初に英語を習ったのはレバノンでイエズス会の学校へ通い始めてからだ。アラビア語、フランス語、英語を学んだが、フランスに来た時点では、教科書英語はできても流暢に話すことはできなかった。何か意味のあることを話そうとするとたちまち言葉につかえた。レバノンでは授業以外で英語を使う機会はあまりなかった。雑誌や新聞、歌詞などを通じてできるだけ英語に触れるようにしたが、そのころの私の主要言語はフランス語とアラビア語とポルトガル語だった。

エコール・ポリテクニークでも英語の授業があったが、良い成績をとるために勉強したようなもので、ここでも授業以外で実践的な英語を学ぶ機会は少なかった。だから、意識的に英語を使ったのはアメリカン・テーブルの夕食会のときだけだった。

そんな気楽な日々を過ごしていたが、やがてエコール・デ・ミーヌの卒業が目前に近づいてきた。卒業後の進路として、私はパリ大学で経済学の博士号を取ることを真剣に考えていた。フランスの教育制度では、エコール・ポリテクニークやエコール・デ・ミーヌなどのグランゼコールに合格すれば他の学校にも無条件で入学できることになっており、あらためて手続きをしなくても経済学の修士課程や博士課程に進む資格が得られる。私にはまだまだ勉強したいことがあったし、学生の暮らしをもっと楽しみたかった。それに、将来何をしたいのかという考えも決まっていなかった。

Ⅱ部

ミシュラン

3——早朝の電話

ゴーン氏の成功の背景にある粘り強さ、明晰さ、情熱、偏見に捉われない考え方、そして進歩的な労働観は、彼が学生のころから感じていました。「いつの日か君は偉大なCEOになるだろう」。教室でそう彼に語りかけたことをいまもなつかしく思い出しています。

——ジルベール・フラード（エコール・デ・ミーヌ・ド・パリの教授）

クレルモン・フェランへの招き

ビジネスの世界への第一歩は、エコール・デ・ミーヌの卒業が近づいていた一九七八年三月のある日、早朝の電話で始まった。「早朝」と言っても、学生にとっての話である。実際に電話のベルが鳴ったのは朝八時半だった。そのとき私はパリのアパートメントでまだぐっすり眠り込んでいた。

学生といえば夜更かしと相場が決まっている。あのころの私も夜型で、深夜近くから机に向かい、明け方ベッドに入るのが常だった。朝の八時半に起きるような生活はしていなかったのである。

電話は受話器を取るまで鳴り続けた。ねぼけ声で電話に出ると、相手の男は強いスペイン訛りのフランス語でヒダルゴと名乗った。

「ミシュラン・グループの者です」

突然のことで、起きぬけの私にはわけが分からなかった。どうしてまたこんな朝早くにミシュランから電話がかかってくるんだろう？

「リオデジャネイロのレセプションでお姉さまにお会いし、エコール・ポリテクニークを出た弟さんがいらっしゃるとうかがったものですから」

姉のクロディーヌの名前が出たことで、私はいったい何の話だろうと思った。

「ミシュランはブラジルで大型プロジェクトに着手しています」と彼は続けた。「お姉さまに、ポルトガル語を話せて、ブラジルという国をよく知っていて、フランスの大学を出たエンジニアを探しているとお話をしたところ、あなたなら紹介できそうな方をいくらでもご存じのはずだとおっしゃったので電話を差し上げた次第です」

彼の説明を聞きながら、これはエコール・デ・ミーヌの誰かのいたずら電話に違いない、誰の声だろう、と友人の顔をあれこれ思い浮かべていた。

「いかがでしょう、当社のブラジル・プロジェクトに力を貸していただけないでしょうか？　ついては一度、クレルモン・フェランの本社までご足労願えませんか？　直接お目にかかってお話しするだけでいいのですが。必要な経費はすべて当方で負担しますので」

私はここまで聞くと、これはうまく仕組まれたジョークだ、誰かがミシュランでの面接を口実に、私をクレルモン・フェランに行かせようとしているのだと確信した。

「私は実際にお姉さまにお目にかかりました。当社は、あなたご本人はもとより、あなたの人脈にも大変興味を持っています。身元が照会できるように私の電話番号をお伝えしますから、その気になったらぜひお電話をください」

私はさっそく身元を照会し、電話の主が名乗った通りの人物であることを確認すると、こう考えた。「断る手はないだろう？　面接に行ったところで損にはならない」

一か月後、私はクレルモン・フェラン行きの列車に乗っていた。この列車が私を遥か遠くの世界に運んでいくことになるとは、そのときには夢にも思っていなかった。

入社の条件

一九七八年当時、ミシュラン・グループのＣＥＯ（最高経営責任者）はフランソワ・ミシュランだった。ミシュランの名前を広く世に知らしめ、欧州の地域プレーヤーにすぎなかったミシュランをグローバル企業へと成長させたのはフランソワ・ミシュランだった。会社での彼の影響力は絶大なものだった。彼は成長志向、製品志向が強く、生来の威厳を備え、人間と人間の資質へのたゆまぬ興味を持ち続けていた。

彼が誰に信頼を寄せているかは、はたから見ても一目瞭然だった。社内での権限や責任の線引きは、組織構造というよりも人間関係や信頼関係によるものだった。実際、ミシュランでは会社の内部に入ってみない限り、組織図を見ただけでは誰がキーパーソンなのか判断がつかないだろう。フランソワ・ミシュランこそミシュランの北米、南米、アジアへの拡大戦略を決断し、それを推し進めた立役者だった。

そのころミシュランは、一九八一年の操業開始を目指して、ブラジルのリオデジャネイロ州に二つの工場を建設中だった。カンポ・グランデのタイヤ工場と、レゼンデのスチールケーブル加工工場である。このためミシュランは是が非でもブラジルの国と言語に精通し、フランスの大学を卒業したエンジニアを必要としていたのである。

クレルモン・フェランで私はヒダルゴに会い、彼は私を三人のミシュラン関係者に紹介してくれた。彼らは二日間にわたって、私自身のことや将来の目標などについてたずねた。こちらからも彼らが何を求めているのか、どんなことを期待しているのかをたずねた。

最後に彼らは、私に入社してほしいと思っていると言い、私がとても断る気にはなれないようなオファーを数日中に郵送すると告げた。しかし、私のほうは学生生活を打ち切って就職しようという気分ではなかったので、就職についてはよく考えてみたいと答えた。経済学の博士課程に進むつもりだったし、ヒダルゴには言わなかったが、気楽な学生生活を謳歌していたからだ。

パリに戻ってまもなくミシュランからオファーが届いた。内容は一点を除いて申し分のないものだった。その一点とは、基本的な研修期間が終わったら私をR&Dテクニカルセンターに配属するというものだった。私は即座に、技術畑でキャリアを積むことは考えていないと伝えた。「ミシュランに就職するとしたら、それはブラジルでのプロジェクトを手伝うために近々ブラジルに戻れるという期待があるからです。そのためにもR&Dセンターより製造分野から出発したいと考えています」

教科書を読んだり、実験をしたり、七年ものあいだ学生として暮らしてきた私は、そろそろもう少し実践的なことを学びたいと思い始めていた。製造分野はそれにはうってつけだった。

会社の全体像を手っ取り早く知るには製造部門は恰好の場所だと思った。工場労働者や技術者、スーパーバイザー、マネジャーなどさまざまな職務に携わる人々を観察することができるからだ。実際、のちに工場労働者として経験を積むにつれて、製造部門こそ、現場からトップ・マネジメントまでの会社全体の仕事や問題を把握するのにうってつけの場所だということを学んだ。

ミシュラン側は私がR&Dへの配属を断るとは思ってもいなかった。私のようにエンジニアリングの高等教育を受けた者はR&Dテクニカルセンターを希望するものと思い込んでいたからである。たしかにテクノロジーやエンジニアリングに興味がなかったと言えば嘘になるが、研究所から出発したのでは会社の全体像を十分に理解することはできない。

就職話もこれまでかと思っていたところ、驚いたことに会社側は製造部門からの出発を承諾してきた。

私が一九七一年から七年間もエンジニアリングの勉強をしてきたことを踏まえて、会社側はこう念を押した。「本当に製造分野がいいと考えているんですね？」

「もちろんです」と私は多少のためらいを感じながらも答えた。「ビジネスの現場こそ出発点にふさわしいと考えています」

そう言いながら私は、これで経済学博士号取得の道は当面先の話になるなと考えていた。

こんないきさつで、私は一九七八年九月にミシュランに入社した。条件は申し分なく、面接時に出会った人たちはモチベーションが高く、オープンな印象を受けた。そして、何よりも私にとってはブラジルへの転勤が前提であることが魅力的だった。

4―工場で学んだ教訓

工場労働者としての出発

仕事時間に遅れない――これは未来のマネジャーに求められる最低条件のひとつである。私は入社初日、新入社員向けオリエンテーションの開始時刻に余裕を持って出社するつもりだったが、なぜか五分遅刻してしまった。同じ日に入社した友人のフィリップ・ヴェルヌイはなにかというと、このときの遅刻の話を持ち出す。目覚まし時計は、集合時間に十分間に合う時間に起こしてくれたが、あのころはまだ「学生時間」の癖が抜けていなかったのだろう。しかし、初日での遅刻という汚点は、ありがたいことに私のキャリアには響かずにすんだ。

入社して三か月間、私たち新卒者は会社の歴史や組織構造、事業内容などについて学び、問題解決力強化のための一連の訓練を受けたのち、それぞれ別の工場に配属された。

ミシュランはフランス企業の中では異色の存在である。新入社員は必ず生産現場に配属される。誰であろうと、どこの大学を出ていようと、まず工場で他の労働者と一緒に働かされる。大卒者はやがて自分たちは管理職や上級職へと進むことを知っていたが、まずは工場労働者たちと肩を並べて働いてからのことである。

私が配属されたのはクレルモン・フェラン近郊のル・ピュイだった。そこで私はブルーのユニフォームを着て、朝勤、午後勤、夜勤という三交替制の勤務に就いた。

このときの私のショックを分かってもらえるだろうか？　なにしろ私は七年ものあいだ、学生生活に浸りきってきた。時間はいくらでもあったし、授業がなければ正午《ひる》まで寝ていることもできた。工場労働者として働くということは、まったく異なる生活パターンを強いられることを意味する。一日八時間労働。朝勤のときは午前五時の始業に備えて四時には起きなければならない（学生ならベッドに入る時間だ）。二時間働いて休憩時間が来ると職場の仲間たちと一緒に朝食をとった。

最初は年輩の従業員について働いた。私に機械の使い方を教えるのが彼の仕事、彼の手助けをするのが私の仕事だった。彼は典型的な田舎出身のフランス人で、朝はベレー帽をかぶりバックパックを背負って出勤してくる。バックパックの中にはワイン一瓶、バゲット、チーズ、ソーセージ、タバコ一箱が入っていた。そして私に、その日やるべき仕事を教え、機械の使い方を説明してくれた。

初対面の日に、彼は私の仕事について説明してくれた。説明の途中で彼は真剣な面持ちで私の目を見つめ、こんなことを言い出した。「君にもうひとつ、特別な任務を与えよう。スーパーバイザーの監視だ。彼の姿が見えたらすぐに私に教えてくれ、タバコを消すから」

作業現場での飲食、喫煙は禁じられ、専用の場所が用意されていたが、この先輩は工場の就業規則などいっこうに気にとめていなかった。彼が現場でタバコを吸いだしたときにはさすがに驚いたが、まだ若い研修生にすぎなかった私には何も言えなかった。

彼がおこごとを食らわないように見張り役を務める。それが入社後私に課せられた最初の重要な任務だったというわけだ。やがて私は、件のスーパーバイザーがめったに姿を見せないことに気づいた。一回のシフト八時間のあいだに一度だけ現れ、作業の進捗状況をチェックし、従業員と言葉を交わして働きぶりを確かめ、それっきりだった。

現場の人間たちはスーパーバイザーがいつごろ現れるか分かっていて、現れそうな時間に合わせて作業を調整した。彼はみなから「ル・モヴェ・タン（悪天候）」と呼ばれ、彼が姿を見せると従業員たちは「気をつけろ！　悪天候接近中！」とささやきあったものだ。

この工場では半年間働き、機械の使い方、現場の人々のこと、管理の仕方などさまざまなことを学んだ。スーパーバイザーは時折姿を見せる程度だったが、現場マネジャーにいたってはさらに会う機会が少なかった。彼の登場はまるで法王のお出ましといった感じで、めったにないことだった。

マネジメントに関する最初の教訓

当時の体験を振り返ってみると、管理者が現場の状況を把握していないとどうなるかがよく分かる。生産現場についてのマネジメント側の認識は現場の実状とはほど遠く、私は管理者の役割について疑問を感じないわけにはいかなかった。従業員たちは自分が何の仕事をしているのかも、なぜしているのかも分からないまま、ただ割り当てられた仕事を黙々とこなしているようだった。上からの指導や訓練もほとんどなければ、意欲的に取り組める仕事もなかった。

研修の一環として、私にはインストラクターがつき、生産現場で使われるさまざまな機械についての詳しい技術的知識や、工場での手順や規則を教えてくれた。勤務時間が終わると、私は毎日一時間のトレーニング・セッションを受けた。

ある日のこと、私の経歴を知った彼が数学を教えてほしいと頼んできた。自分はこの会社で出世したい、数学に長けていれば有利に違いないというのだ。私は承諾した。そんなわけで就業後一時間のトレーニング・セッションは三〇分に短縮され、残りの三〇分は彼に数学を教えることに費やされることになった。

私はこの経験から、従業員たちが知識や教育を心から渇望していることに気づいた。上に立つ人々はその事実に気づいていなかったし、気づいていたとしても対応しようとはしていなかった。

従業員が出世の道を拓き会社にもっと貢献できるような訓練をどれだけ切実に求めているか、このときに限らず私は何度も痛感した。

私は生産現場の現実とマネジメント側の認識とのギャップが、沈滞した労働環境を作り出していると感じた。スーパーバイザーやマネジャーが従業員とともに現場を作っていかなければ、マネジメント側は会社で何が起こっているかが分からなくなる。現場の潜在的な生産力を正確に把握することはできず、会社の競争力を高める適切な手段を現場に導入することもできない。

現場の人たちが働く様子を観察したこと、彼らから仕事や将来の抱負を聞いたことが、私にとって、身をもって体験したマネジメントについての最初の教訓だった。

昇進の階段を上る

最初に配属されたル・ピュイで工場労働者として半年働いた後、私はスーパーバイザーとして別の工場に配属され、さらに六か月間同じような勤務シフトで働いた。このとき、私はできるだけ現場に出るようにした。従業員がいつでも声をかけられるようにしょっちゅう現場に姿を現し、彼らがより効率的に作業を行えるよう指導に力を入れた。

その半年が過ぎると、私はスーパーバイザーから品質管理エンジニア、ついで現場マネジャーとさまざまな職務を与えられた。その後、成長軌道にあったミシュランがマネジメントの新たな要員を必要としたため、二年間、ル・ピュイの工場長を務めた。

ル・ピュイでの経験は刺激に満ちた有益なものだった。弱冠二六歳、最年少の私がおよそ七〇〇名の従業員を擁する、掘削機やダンプ用の大型タイヤを製造する工場のトップになったのである。ブラジルに生まれレバノンで義務教育を受けた私は、生粋のフランス人ではなかったせいで、工場の人々と互いに理解しあうには少し時間はかかったものの、仕事を進めるうえで好ましい人間関係を作り上げ、十分な意思疎通を図ることができた。その成果は業績向上という形で現れた。

当時、ミシュラン上層部で私に対してどんな評価が下されていたのかは知る由もないが、この工場での業績を踏まえて私をクレルモン・フェランへ呼び戻す気になったと解釈していいだろう。本社はしばらくR&Dテクニカルセンターで仕事をしてはどうかと打診してきた。

すでに製造分野で三年間を過ごしてきた私は、今回ばかりは入社時のように申し出を断る理由はなかった。そのうえ、フランソワ・ミシュランはとりわけR&D（研究開発）を重視する人間だった。彼は研究開発分野での経験なしに、将来的にミシュラン・グループに大きく貢献する人材が育つはずはないと考えていた。

私は申し出を快諾し、農業用トラクター、ダンプ、掘削機といった大型車用タイヤを一括して担当することになった。おもな顧客はキャタピラ、コマツ、ジョン・ディア、ルノー・アグリカルチャーだった。一九八四年、私は大型車用タイヤのR&Dテクニカルセンター所長に就任したが、その座に長く留まることはなかった。新たな状況が私の人生を変えようとしていたのである。

5—ブラジル派遣

ハイパーインフレの国へ

私はかねてから、フランスで学業を終えたらブラジルに戻るつもりでいた。ミシュランから声がかかり、ブラジルでのプロジェクトの話を持ちかけられたときも、ブラジルに帰って仕事ができるということで心を動かされたのだった。最初のうちは、仕事を覚えたらすぐにブラジルに渡り、いずれは現場マネジャーか工場長の地位を目指そうと思っていた。それがあのころ考えていた最高の目標だった。

ところが、会社の意向で、思ったより長くフランスに留まることになった。仕事が順調だったのと、私がフランスでキャリアを積むことを会社が望んだからである。思惑よりもフランス勤務が延びたが、フランスで経験を積めた分だけブラジルに行ってからの仕事が面白くなり、結果的にプラスに働いた。会社の判断は正しかったのである。

一九八五年、三〇歳のとき、私はフランソワ・ミシュラン直属で南米事業を統括するCOO（最高執行責任者）としてブラジルに赴任した。

ブラジル赴任はいくつかの条件が重なった結果だった。一九七八年、ミシュランはブラジルのトラックタイヤ市場に現地供給する製造工場の建設を目的とするブラジル・プロジェクトに着手した。操業開始は一九八一年だったが、開始早々、事業が暗礁に乗り上げてしまった。平たく言えば莫大な損失を被ったのである。製品に欠陥があったわけでも、顧客に歓迎されなかったわけでもない。原因はブラジルがハイパーインフレに見舞われたためだった。

ブラジルを襲ったインフレは、一九八〇年代半ばには実に年率一〇〇〇パーセントに達した。インフレ率がここまで高い国では普通の方法ではとても会社の経営はできない。ミシュランがブラジルに送り込んだ経営幹部たちの中に、高インフレ、高金利に直面する企業の舵取りを経験した者はいなかった。

ミシュラン・ブラジルは正常な経済状態なら黒字が見込まれ、生産も順調で活況を呈していたはずだった。実際、あらゆる事実が、会社は順調に運営されているはずだと指し示していた。それにもかかわらず会社は巨大な損失を被っていた。

フランソワ・ミシュランと彼の顧問たちは迅速な対応の必要性を認識していたが、何をどうするか、誰を派遣するかについては意見が分かれ、おびただしい議論が交わされた。

財政担当チームはフランソワ・ミシュランにこう告げた。「ご覧のように、われわれは問題を抱えています。これはブラジルに精通し、高インフレへの対処方法が分かっている者にしか解決できないでしょう」

そのとき出席していたペルシャ系フランス人のCFO（最高財務責任者）、シャイード・ヌウライが、「カルロス・ゴーンを送り込みましょう」と私の名前を出したそうだ。

人事のトップ、ジャン・クロード・ツールナンが即座に反論した。

「彼はまだ二九歳、いや三〇歳ですか——いずれにしろ若すぎます。たしかに入社以来順調にきていますが、まだまだ駆け出しです。この大変な状況で彼を送り込むことはできません」

フランソワ・ミシュランはみなの意見をじっくり聞き、しばらく時間をかけて決断した。それは他にほとんど選択肢のない、差し迫った状況の下での決断だった。フランソワ・ミシュランは、私をCOOとしてブラジルに送ることを決め、私を自分の直属に置くと宣言した。最終的に彼は、私が困難を克服し南米事業を好転させるという手応えを感じてくれたのだと思う。

私が選ばれた三つの理由

ツールナンの懸念はもっともだった。私は入社してまだ七年しかたっていなかった。たしかにル・ピュイでは工場長、大型車用タイヤのR&Dテクニカルセンターでは所長として、それなりの結果を出していたが、あくまでも正常なビジネス環境での話である。七年という短い実績では、二つの工場と二つのゴム・プランテーションを有する南米で、九〇〇〇人近い従業員を抱え、問題山積の三億ドル事業をコントロールする能力があるかどうかは分からなかった。

しかし、私は三つの点で有利だった。

ひとつは若さである。子犬は元気で、危険が迫っていても気づかない。私もリオデジャネイロに帰れるというだけでうれしくて仕方がなかった。生まれ故郷で大きな事業を任される。それはあまりに魅力的なことだった。友人たちは「ひと筋縄ではいかないぞ。何もかもぶち壊しになるかもしれないぞ」と脅したが、当の本人はすっかり帰る心づもりになっていた。

崩壊の危機に瀕した大企業のCOOとして自国に凱旋するということは、たとえてみれば、すばらしいヨットを贈られ、こう告げられるようなものだ。「行く手には嵐の海が待っている。どう舵を取ろうと君に任せる。沿岸を航行していくのも、未知の荒海に帆を進めるのも君次第だ。どちらを選ぼうと、任務はひとつ、目的地への到達だ」

まさに若さならではの強味である。試練を与えられれば全力で乗り越えようとする。嵐や波の心配などしていられない。港を出て帆を揚げるだけだ。当然ヨットの操縦法は知っていなければならないが、私は心の中でひそかに、いつでも出航できると思っていた。

若さを武器に私が舳先を向けたのは、並みの嵐ではなかった。ミシュランの誰ひとりとしていまだかつて経験したことがない状況、極度に不安定でまったく先が読めない状況下にある国へ乗り込むパイオニアになる。それは刺激的なことだった。

二つ目に有利だったのは、ハイパーインフレ下での企業運営の経験こそないものの、何度も行き来してきたおかげで、身をもってブラジルのインフレを体験していたという点である。ブラジルは常にハイパーインフレに悩まされてきたわけではないが、少なくとも私は、物事の統制が取れなくなったときに人々がどのように対処するかは知っていた。

彼らは預金を引き出して常時現金を持ち歩いていた。「オーバーナイト」と呼ばれる銀行預金が登場していた。給料はインフレに合わせて一か月で二倍に引き上げられた。メディアは急激なインフレを示す例として、レストランで客は注文したらすぐ精算すると報じた。食事を終えたときには値段が上がっているというわけだ。

ともかく、インフレがどのような影響を与えるか、暮らしにどんな打撃を与えるか、私には予想がついた。同時に、ブラジル人はハイパーインフレを仕方のないものだと受け止めており、それほど異常とは感じていないようにも見えた。彼らは長年インフレとともに暮らしてきたのである。

三つ目の利点は、第一言語がポルトガル語だったことだ。ブラジルに赴任したところで言葉の問題はまったくなかった。フランス語訛りがあると指摘されたが、これはブラジルを離れて長いことを考えれば当然だろう。コミュニケーションをとるうえでの障害はまったくなかった。

白紙の気持ちで

本社だけでなくミシュラン全社を見渡しても、ブラジルでミシュランが直面している状況について、私に正確に報告できる者はいなかった。ミシュランが損失を出していること、営業利益が赤字であること、高金利によって債務が増大し続けていることだけは間違いなかったが、全体的な状況は現地に飛んでみなければ分からなかった。

私はブラジルには何か解決策があるはずだと確信していた。その解決策を早急に見つけ出し、全力を挙げて実行に移すことができるかどうかが鍵となる。フランスを発つ時点で確信や自信があったわけではないが、とりたてて心配もしていなかった。あえて言えば、自信と不安が相半ばするような心境だった。

フランスを発つ時点で具体的な成算があったわけではない。私はまったく白紙の状態で飛び込んでいった。それはのちにミシュラン北米のCEOとして渡ったアメリカでも、会社をルノーに移ってからも、もちろん日本の日産でも同じだった。新しい仕事を請け負うときは先入観を持たず、常に白紙状態から始めること。ゴーン流マネジメント・スタイルにはこの一箇条がしっかりと組み込まれている。

6──人生最良の決断

私は初めてカルロスに会ったときから、この人しかいない、ともに人生を歩んでいきたいと思っていました。彼も同じ気持ちだったかというと、それは違います。私が一〇歳も年下で、まだ成人して間もないこともあって、彼は迷っていました。でも私は初めから、彼は本人が思っているよりも遥かに成功する人だと感じていました。──リタ・ゴーン

ブリッジ・トーナメントのあとで

ブラジルに乗り込んだ私はどのようにしてハイパーインフレ下での事業の立て直しに取り組んだか。それを早く知りたい読者には申し訳ないが、ここで私生活の話をすることを許していただきたい。そんなことに興味のない読者はこの章を飛ばしてくださってもかまわない。

ブラジルに渡った一九八五年の前後、この時期は私にとって私生活面でのターニング・ポイントだった。妻のリタに出会ったのである。それまでにも女友達はたくさんいて、なかには付き合

った女性もいたが、私の心を虜にしたのはリタだった。

初めて会ったのは一九八四年九月のある日曜日のことだった。

その日、私はクレルモン・フェランからそれほど遠くないリヨンで開かれたブリッジ・トーナメントに、友人のベルナール・デルマと二人で参加した。ペアを組めば分かると思うが、私は遊び半分ではなく、かなり真剣にゲームをするタイプだ。ペアを組んだベルナールも真剣にプレーするタイプだったが、どういうわけか私たちのチームは惨憺たる成績に終わった。

真剣なプレーヤーというのは、負けたとき、「今日はついてなかった。今度は勝てるさ」と軽く流すことができず、どの一手、どのサイン、どのカードが悪かったのか、逐一振り返って敗因を突き止めようとする。険悪なムードでこそなかったが、私たちもどちらがへまをしたのか、熱くなって議論を交わした。どちらかが「分かったよ、僕のミスだったかもしれない」などと譲る気配はいっこうになかった。

試合のあと、私たちは共通の友人ファド・アビアドの家で夕食に招待された。彼はレバノン人のジョスリン・コルダヒと結婚しており、彼女の手作りのレバノン料理は絶品だった。それまでにも訪れたことがあったが、私たちにとって彼の家はわが家のようにくつろげる場所だった。

家に着いて挨拶を交わしたあと、私はジョスリンの横に若い女性がいることに気づいた。彼女ははにかんだような微笑を浮かべていた。ジョスリンは「妹のリタよ。今日レバノンから着いたばかりなの」と紹介してくれた。

最初のうち、私たちは互いに当たり障りのない質問を交わしながら雑談していた。彼女は若く、フランスに着いたばかりだったせいか少し戸惑っているように見えたが、やがてフランスへは薬学の勉強をしにきたと、少しずつ自分のことについて話し始めた。

しかし、実のところ私のほうは上の空だった。頭の中がさっき終わったブリッジ・ゲームのことでいっぱいだったからだ。夕食の最中も、なぜ負けたんだろう、どこで間違ったんだろうと、ベルナールと議論を続けていた。

リタはそんな二人をあきれて見ていたらしい。のちに彼女から「初めて会ったときから、集中力のある一途な人だと思ったわ」と言われたが、ほめられたのか皮肉を言われたのかは分からない。

レバノンの娘

いろいろな意味でリタは魅力的だったにもかかわらず、そのときの私にはそれに気づくだけの「集中力」はなかったようだ。彼女はレバノンの良家の娘で、まだ若く、将来への期待で胸をふくらませていた。しかし、初めて出会ったあの夜、何かが起こりそうな予感はまったくなかった。

やがて二人の関係はゆっくりと深まっていった。私たちは街を歩き、コンサートを聴きに行き、食事をするうちに互いを理解するようになった。二人ともレバノン出身だったこと、多言語に通じていたことなどから、親しみを感じるようになったのだと思う。

まもなく私は、彼女が年のわりに非常に大人であることに気づいた。一九七五年に始まったレバノン内戦を体験した彼女は、短い人生のあいだに数々の痛みと悲しみを目の当たりにしていたのだ。彼女はある時こんなふうに話したことがある。

「レバノンで私はカルロスとはまったく異なる体験をしました。内戦のさなか、ずっとあの国で暮らしていたからです。殺された友人もいたし、戦争の恐怖から逃れるためにドラッグに走った友人もいました。悲惨な出来事を山のように見てきました。そして、ごく若いうちから、あきらめるのか、それとも自分で責任を持って有意義な人生を目指すのかという決断を迫られたのです。もっと安定した別の環境で育っていたら、私の強さは生まれなかったでしょう。カルロスと対等でいられるのもあの過酷な体験のおかげです」

私たちの関係は強く真剣なものに育っていったが、一九八五年にミシュランが私のブラジル行きを決めたとき、決定的な転機が訪れた。このまま付き合っていくか、別れるかを決めなければならなくなったのである。考えに考えた末、私は彼女にプロポーズした。

私との結婚をとれば、彼女はひとまず自分の勉強をあきらめてブラジルで暮らすことになる。言語の問題があったため、彼女がブラジルで勉強を続けることは難しかった。彼女がポルトガル語を話せるようになったのは結婚してからだ。

また、当時ミシュラン・ブラジルを取り巻く状況は厳しく、その意味でも彼女にとって結婚は大きな賭けだった。ハイパーインフレのまっただなかで、会社がいつまで持ちこたえられるかは誰にも予想がつかない状況だった。

幸いなことに彼女は承諾してくれた。彼女にプロポーズしたことは、私にとっては人生最良の決断だった。彼女も決断は間違っていなかったと思ってくれていればいいのだが。

冷や汗の結婚式

私たちはブラジルに出発する直前に市のホールで結婚式を挙げた。ミシュランの同僚、フィリップ・ヴェルヌイとその妻エレーヌが証人を務めてくれた。私は結婚式のためにカメラを買い、フィリップに撮影を頼んだ。

式の前、リタにフィルムを入れたかと聞かれた。私は急いでいたうえに、後にも先にも経験したことがないほど緊張していたせいで、上の空で「大丈夫だよ」と答えた。

フィリップは私たちが市長の前で誓いの言葉を述べているところや、新郎新婦と市長、出席者全員の写真などを撮ってくれた。写真はウェディング・アルバムに貼って、やがて生まれてくるであろう子どもたちに見せるつもりだった。

式が終わり市役所を後にした私たちは、昼食を兼ねた少人数の披露宴へ向かい、また何枚も写真を撮った。ところが、ここでフィリップがおかしいと気づいた。

「カルロス、本当に言いにくいんだが、カメラにフィルムが入ってないんだ」

「何てことだ！」

リタはこのとき先が思いやられると感じたに違いないが、時すでに遅しで、結婚式は終わってしまっていた。しかし、ここはなんとしてでも埋め合わせしなければならなかった。

私たちはもう一度式場へ引き返し、結婚式の写真を撮り直すことにした。昼寝でもしに行ったのか、市長の姿はすでになかった。仕方なくリタと私がカメラの前で誓いの言葉を繰り返したが、みな、いまにも噴き出しそうな顔をしていた。とにかく結婚式の写真が一枚もないという事態だけは免れたわけである。

そんな慌ただしさのなかで、私たち二人はブラジルに飛び、私はミシュランの南米事業の立て直しという困難な仕事に挑むことになった。

7―ハイパーインフレとの闘い

ゴーン氏の優れたところは、なんといっても人の話をよく聞くことでした。ある日彼はこう言いました。「神は人間に耳を二つ与えたが、口は一つだけしか与えなかった」。つまり、人の話を聞くことに話すことの倍の時間をかけろという意味です。

――カティア・モコ・ダ・コスタ（ブラジル日産ゼネラル・マネジャー）

なぜ赤字なのか

ブラジルに赴任した私を待ち受けていたのは、多様な文化背景を持ち、多様な機能を担う人々からなる組織のマネジメント、それも年率一〇〇〇パーセントのハイパーインフレに翻弄される組織のマネジメントだった。

従業員の大半はブラジル人で、多くは若者だった。マネジメント・チームはおもにヨーロッパ人とブラジル人で構成され、リオデジャネイロの主力工場はスペイン人が、もうひとつの工場はブラジル人が運営していた。広報部門と法務部門のトップはブラジル人、マーケティング・販売部門と財務部門のトップはフランス人、二か所のゴム・プランテーションのトップもフランス人で、人事部門のトップはドイツ人だった。

これだけ多彩な文化的背景を持つ人々と力を合わせて、生き残る道を模索しなければならない。私たちがまず手がけなければならなかったのは問題を特定する作業だった。

「あらゆる指標が黒字が出て当然だと示唆しているにもかかわらず、なぜミシュランは赤字に苦しんでいるのか?」

私はまず現状を把握するために、かなりの時間をかけて各工場やディーラーを訪ね、現場の人々と話し、あちこち見て回った。ほどなく、私には誰一人として問題の所在が分かっていない理由が見えてきた。他の部署や部門の人々と意見を交わすこともなければ、職務を超えてクロス・ファンクショナルに問題解決に取り組もうとする姿勢もなかったのである。言うなれば、営業の人間が「わが社は財務に問題がある」と言い、製造の人間は「値上げすればすむことだ」と言う。すると財務の人間は「連中には金のことがまったく分かっていない」と言い捨てて、頭から湯気を出して部屋を出て行くといったありさまだった。誰もが誰かを非難していた。

職務の違いを超えてみなが同じテーブルに着き、ブレイン・ストーミングを行ってひとつひとつ対応策を立案できるか――これは大きなハードルのひとつだった。もうひとつのハードルは、そうするために教育や訓練をしている時間的余裕はなく、クロス・ファンクショナルなチームをすぐにでも作らなければならなかったことだ。ハイパーインフレ下での企業運営には迅速さが求められた。

優先順位を特定する努力

会社の現状を明確に把握するために、私は数量的に問題を理解できるよう、さまざまなデータや情報を収集した。ブラジル赴任に際して、私はクレルモン・フェランで一緒だった財務のフィリップ・ビアンデルを伴っていた。私たちは問題を数字で明確に示し、問題解決と優先順位の特定に必要な手段を明示する数量モデルを作成した。

私たちは年間一〇〇〇パーセントのインフレ率に加えて、極端な高金利にも直面していた。当時ブラジルの実質金利は年間三五パーセント、つまり名目金利はなんと一〇三五パーセントに達していた。数量モデルによって、こうした状況で生き残るために何をしなくてはならないか、何をしてはいけないかが明らかになっていった。

1　巨額な負債のための支払いをこれ以上増やすことはできない。必要不可欠な資産のみを残し、事業に直接関係のない資産を売却して、負債の一部を圧縮する。すべての投資に細心の注意を払う。仕掛かり品や製品在庫を持たない。

2　ハイパーインフレによって生産コストが目の玉が飛び出るほど高騰しているが、ブラジル政府が価格統制を行っていたため、製品価格を独断で引き上げることはできなかった。価格について政府と密に折衝し、月に一度の割合で価格調整を行った。できれば週に一度調整したいほどだった。価格統制を実施する政府当局とは、良好な関係を保たなければならない。価格調整が二日遅れれば息の根が止まるという切迫した状況だった。

3　月間三〇パーセントという高インフレ経済の下では、ディーラーに対して六〇日後の支払いという条件を認めることはできない。現金が手元に届いたときには、貨幣価値が製品納入時の五〇パーセント以下に目減りしてしまっているからだ。私たちは製品納入時の支払い、可能なら納入前の先払いを要求しなくてはならなかった。

4　労務コストをコントロールすること。ハイパーインフレの影響は若年層の多い従業員たちの生活にも及んでいた。ほとんどのブラジル人と同様、彼らも高騰する生活コストに悩まされていた。インフレに対応するために私たちは毎月賃金を調整し、労働組合の代表と賃金をめぐる折衝を延々と繰り広げた。ほんの数年前まで、彼らと同じ立場で働いていた私には工場労働者の気持ちが分かったし、ブラジル生まれの私には彼らの不安が理解できた。だから彼らに会社の現状と生き残り対策を説明することはそれほど難しいことではなかった。私は彼らと一緒になってこの状況を打開したかった。ありがたいことに人員削減策は実施しなくてすんだ。

優先順位と言えば、これらすべてにも勝って、継続的な原料輸入許可を取る必要があったことを記しておかなくてはならない。ゴムの木の原産地がブラジルであることは知られているが、ゴム液を抽出する木、学名ヘベア・ブラジリエンシスはとうの昔に軒並み致命的な菌に侵され、皮肉なことにブラジルは天然ゴムの大半を輸入しなければならなくなっていたのである。

見える世界と現実の世界

経済が極度の混乱に見舞われている時期、経営者に必要なのは絶え間ない監視と分析である。私はブラジルで、現状を測定することの重要性、重要な物事を正確に把握することの大切さを痛感した。これはブラジルでの最大の教訓だったと言えるだろう。

月間三〇パーセントの割合で上昇するインフレ経済においては、儲かっていると思っていたら実際には赤字を垂れ流していたという可能性さえある。正確な現状把握をするために、数字の意味は常に解釈し直さなければならない。インフレのマジックに翻弄されないために、私たちはブラジル通貨と米ドルの二つの勘定体系を設けて事業運営を行った。

数字が教える現実は、たとえて言えば水晶球を通して見る世界である。ハイパーインフレ下では、それはぼんやりした景観でしかない。それを見た者は、ゆがんだ景観を体系的に再構成し、本来見えるはずの情景に置き換えなければならない。そこにあるはずの姿は実際には見えないが、水晶球の構造を知っていれば自分の目に映っているものが本当の姿ではないことが分かる。バラバラになったジグソーパズルのピースを元の位置にはめ込むようなものだ。

読み替え作業は常に行わなければならない。目に映る情景には何の意味もない。現実の再構成を怠らないこと。これがハイパーインフレ下での有効なやり方である。

打てる手はすべて打つ

ハイパーインフレ下では、瞬きひとつするうちに、ひと月が一週間に、一週間が一日に、一日が一時間にと、時間の尺度が縮まっていく。高インフレと高金利はじっくり考える時間など与えてくれない。「問題があることは分かった。この点については、そうだな、来週にでもミーティングを開いて検討しよう」などと悠長なことを言っている余裕はない。問題があればその場で解決し、その場で決定しなければならない。

弱冠三〇歳で深刻な問題を抱えた大企業を任された私は、ありとあらゆることを行った。在庫の適切な管理、タイムリーな原料輸入、取引条件と支払いの見直し、製品の価格調整、工場の生産性向上、品質管理、労働組合との折衝、社員のモチベーション向上に至るまで、すべての動きを把握できるように注意力を研ぎ澄まし、打つべき手を考えた。

混乱した状況では、すべての人に進行中の事柄を伝えるコミュニケーションが重要になる。私はオフィスでじっとしている人間ではなかった。四六時中、工場を回り、営業、工場労働者、ディーラーなど、会社とつながりのあるあらゆる人々と言葉を交わした。自社のゴム・プランテーションにも足を運び、わが社の置かれた複雑な状況を数字や図表、簡単なモデルを使って説明した。

こうしたさまざまな努力の結果は、やがて年次報告書に表れた。赴任した一九八五年と八六年は赤字だったが、八七年になって黒字に転じ、八八年、ミシュラン・ブラジルはミシュラン・グループ系列会社の中で最大の利益を上げたのだった。

危機下のリーダーシップ

これまで私はミシュラン・ブラジル時代のことを公にしたことがなかった。読者もこのころのミシュラン・ブラジルに関する詳しい話を出版物等で目にすることはないだろう。その理由は三つある。まず、ブラジルが国際的に注目されている国ではないこと。次に、ミシュランという会社は他の国際的な企業と比べて口が重いこと。三つ目は、売上高三億ドルほどの小さな会社の動向など世界経済に何ら影響を与えないからである。

しかし、私自身のビジネスライフにおいて、ブラジルは非常に重要なターニング・ポイントであり、ビジネスの世界での重要な一歩だった。

ブラジルの荒々しいビジネス環境は外部からは計り知れず、理解するのが難しい。少なくとも第二次世界大戦が終わった一九四五年以降、北半球の国々にはハイパーインフレに見舞われた経験はない。アメリカはこの種のインフレを体験していないし、一部の年輩のドイツ人を除けば、ヨーロッパの人々もほとんど体験したことはない。日本も第二次世界大戦直後の一時期を除けば然りである。重度のインフレの洗礼を受けていなければ、それとの付き合い方も分からなくて当然である。この状況で必要なのは若さと俊敏さだ。ブラジルで仕事をするのは疲れると口にする人が多いのは、こんなところに理由があるのかもしれない。

ブラジルでの経験は、革新的で、厳しく、そして報いも大きかった。私は迅速に考えて迅速に行動しなくてはならない仕事を任された若いマネジャーだった。このとき私は、スピードと正確な分析の重要性を学んだ。遅れ、先送り、決断のための会議招集といったぜいたくは許されなかった。

あの経験がマネジャーとして私を成長させてくれた。私は、自分の決断がすべての従業員に影響を与えることを知った。なにしろ、ひとつ間違えば社員もろとも赤字の海に沈むことになる。危機的状況下では、社員のすべてが、トップに方向性を示しリーダーシップを発揮してほしいと願っていることを私は知ったのである。

8——ゴーン・ガーデン

ゴムの木の一生

危機的状況下で全力を尽くしたブラジル時代、私にしばしの安らぎを与えてくれたのはゴム・プランテーションを訪ねる仕事だった。ミシュランはブラジルのバイーア州とマト・グロソ州に、それぞれ広さ一万ヘクタールのゴム・プランテーションを持っていた。

木々のあいだを歩きながら、労働者がヘベア（ラテックスを含む白い乳液状の樹液）を採取する様子を見て回るのは楽しかった。ヘベアは加硫と呼ばれる過程を経てゴムになるのだが、ゴムの木の自然の栽培サイクルは興味深いものだった。

ゴム・プランテーションを経営しようと決めたら、もちろんまず土地を購入しなければならない。その後、一年かけて土地を耕し、豊かな土壌を作り、翌年タネを蒔く。ヘベアを採取できるようになるまでには七年を要する。採取できるのは七年目から先、二五年ないし二六年目までである。この時期が過ぎると木を切り倒し、またタネから栽培しなければならない。つまり、投資期間七年、生産期間一八年から一九年で振り出しに戻る。

植物の栽培にはリスクが伴う。菌やさまざまな病気から木を守らなければならないし、天候や自然災害で大きな被害が出ることもある。気温が零度を下回れば低温障害が発生するし、野火や山火事が起きれば全滅する。手をかけて大切に育んできた時間と投資が一瞬にして水の泡になってしまうのである。

ゴムの木の栽培方法を学び、その栽培サイクルを観察することによって、ビジネス全般に通じるさまざまな教訓、またリスクというものについての教訓を得ることができる。

ゴムの木の栽培サイクルを短縮することができないように、ビジネスの世界にもプロセスというものがあり、これを尊重しなければならない。プロセスの改善は必要だし、ひとつの段階をできるだけ早く完了しようと努めるのはかまわないが、一段階でもおろそかにしてはならない。すべての段階を、順序を尊重し、着実にこなすことが重要である。短気を起こしてプロセスを省略すると、ろくなことにならない。

ビジネスも、プロセスを無視して何かひとつのゴール、たとえばマーケットシェアの拡大だけをやみくもに目指せばよいという単純なものではない。日産に来た当初、日本で日産のシェアが伸び始めるのはいつごろかと聞かれることが多かったが、私に答えられるはずもなかった。まずはプロセスをきちんと踏まなければならなかったからだ。高コスト体質を改善し、債務を削減し、製品開発に投資し、ブランドを確立し、マーケティングや営業を整備し、流通網を活性化し合理化する。優先順位に沿ってこうしたことに着手し、考えられることをすべてやり遂げたあとで、ようやくマーケットシェアの成長が望めるのである。こうした段階を踏まずに、たとえば値引き販売や販売マージンの増額などでマーケットシェアの拡大だけに走っても何の意味もない。

スピードはビジネスの必須要素の最後に来る。このご時世にこんなことを口にするのは私が初めてかもしれないし、ハイパーインフレ下ではスピードが大切だと言ったことと一見矛盾するが、重要なのはスピードそのものではない。あわてず、忍耐強く、適切なタイミングで、プロセスに必要な段階をすべて踏むことが大切なのである。

二年目の若木からへベアを採取することはできない。七年待たなければならない。それが自然のサイクルというものだ。人為的にどんな努力をしようと、それは関係ない。どうあがこうと七年たたなければゴムは採れないし、二五、六年たてば切り倒すしかないのである。

意思決定のもうひとつの要素

ビジネスの究極の目的は富の創造にある。優先順位の設定、目標の確立、企業戦略の特定といった手続きは、いずれも競争力と収益力をつけるためのものである。

しかし、ミシュラン・ブラジルを率いていくなかで、私はひとつの重要な教訓を得た。すなわち、収益以外の要素に基づいて決断を下さなければならないときもあるということである。

当時、ミシュランはブラジルに二つのプランテーションを持っていたが、ひとつは非常に生産性が高く、もうひとつは生産性はそれほどではないが非常に美しかった。生産性の高いほうは整地した平らな土地に木々が整然と植えられ、いかにも人工的な感じだった。かたや生産性がいまひとつのほうは、自然のままのすばらしい景観だった。ここはそもそもファイアストーン・タイヤ&ラバー社の所有していたプランテーションを買い上げたもので、ゴムの木だけでなくさまざまな樹木が植えてあった。

一方は生産性に優れ、もう一方は美しさに秀でていた。では、自然の美しさと特性を壊さずに後者の生産性を上げるにはどうしたらよいか。私たちはここで生産性と景観という相反する難題を突き付けられた。問題解決に取り組んだのは、プランテーションで働く従業員らで構成されたチームだった。

私たちの解決策は画期的だった。言わば生産するためだけに生まれたようなプランテーションに、景観は飛びぬけているが生産性に難のあるプランテーション（だからファイアストーンは売却したに違いない）が肩を並べるのは無理だという認識に立って、そのギャップを少しでも埋めようと考えた。そして、後者のプランテーションにあった、物理的、生物学的、化学的な理由でヘベアの栽培に向かない広大な区画を有効利用する方法を考えたのである。

私たちはゴムの木の栽培に使われていなかったその広大な土地に、いろいろな種類の樹木や植物を植えることを思いついた。ブラジルは樹木の種類は豊富だが、残念なことに絶滅の危機に瀕している種も多い。そこでこの土地に、ブラジル原産のあらゆる樹木を一種類ずつ植えることにしたのだ。私はこのアイディアに飛びつき夢中になった。

ブラジル原産樹木の原種を保存する計画に対して、ブラジル政府は援助を約束した。政府は何を植え何を切り倒すか、景観をどのように変えるかについて厳格に管理したが、計画には好意的で必要な許可を与えてくれた。こうして私たちは植林を始めた。

無形の資産

もちろん、木を植えただけでプランテーションの生産性が上がるわけではないことは百も承知だった。しかし、たくさんの木を植えたことで、この地方の気候に良い影響を与えることができた。広い土地いっぱいにあれほど多くの木を植えれば、やがて一面が緑一色に染まり、降雨量が増え、空気がきれいになる。その変化は実際に体で感じることができた。私たちはその変化に満足し、それがプランテーションで働く労働者と管理者の絆を深める働きをしたのである。

いまに至るまで、このプランテーションの生産性がもう一方に追いつくことは決してなかった。かりに私が短期的な収益性だけを考えて決断を下していたら、プランテーションのコスト削減を追求したはずだ。しかし、そうしていたら労働意欲の低下という意味で会社にとってマイナスに働いていただろう。プランテーションのチームは、全精力を注ぎ込んで生産的な土地活用法を見出そうとした。たしかに植林は収益の面では会社に恩恵をもたらさなかったが、絶滅の危機に瀕した樹木の保存、そしてこの地方の気候と環境の改善には大いに役に立った。それにもまして重要なのは、会社と労働者とマネジメント・チームのあいだに心の絆が生まれたことだ。これは無形の資産ではあるが、ミシュランにとっては非常に貴重な長期的な資産である。

美しい景観はいまも健在である。ブラジルを離れてしばらくたったころ、誰だったかプランテーションの関係者が手紙をくれ、植樹した区域を親愛の情を込めて「ゴーン・ガーデン」と呼んでいると書いてきた。これは私にとって、いままでに受け取った中で最高の報酬である。

9―アメリカへ

カルロス・ゴーンの成功の秘訣をひとつ挙げるとしたら、基本的なマネジメント・コンセプトを実行に移す手腕と言えるでしょう。彼に限らずマネジメント原則を口にする人はいますが、彼には実際にそれを行動に移す力があるのです。

――フィリップ・クラン（日産副社長）

フランソワ・ミシュランからの電話

フランソワ・ミシュランから電話をもらったのは一九八八年五月のことだった。ミシュラン・ブラジルが極めて健全な利益を生み出し、債務もほぼ一掃したところで、ミシュランは北米市場へのさらなる進出に次の狙いを定めた。

「ブラジルのほうはうまくいってるようだな」と彼は切り出した。「ところで、北米事業についてだが、いまのCEOの後継者として君をアメリカへ送ろうかと考えているんだが」

私は話の内容に驚いた。会社が私の北米への異動を考えているなどとは思ってもいなかったからだ。私はブラジル人で、フランスで教育を受けたポルトガル語を話せるエンジニアだった。つまり、会社にとってはブラジル事業に必要な人材だったはずだ。そのうえ、まだブラジルに来て三年しかたっていなかった。私はブラジルでの仕事を気に入っていたし、家族や友人たちとの生活も楽しんでいた。ブラジルを離れることなど考えたこともなかった。

しかし、ミシュラン本社の人々はブラジルでの私の仕事ぶりを見て、いずれ速いペースで出世街道を上り詰めるに違いないと思っていたらしい。実際、フランソワ・ミシュランから電話をもらう三か月前にも、あとから考えれば予兆のようなことがあった。

同僚で親友でもあるベルナール・ヴァドゥボンクールが出張でブラジルにやってきた。仕事が済んだあと、私たちは友人同士のおしゃべりを楽しんだ。そのとき彼は、ミシュラン北米のトップの座は、ブラジルで事業を好転させた功績で君に決まったようなものだ、と言った。

私は、そんなことは三四歳という年齢ではあり得ないと一笑に付した。候補は、私よりもっと経験を積んだ、長年会社に貢献してきた人物だと思っていたからである。

「いや、絶対に君だよ」。彼は私が来年までに北米トップに抜擢されると言い張って、最高級レストランでのディナーを賭けようと言い出した。私も遊び半分の賭けは嫌いではないので、握手をしながら言った。「よし、乗った!」。三か月後、私はブラジルから彼に電話をかけた。「君の勝ちだ。ディナーをおごるよ。店は君のほうで勝手に決めてくれ」。のちに彼が語ったところによると、内部情報を漏れ聞いていたわけではなく、勘にすぎなかったそうだ。

私を驚かせた電話で、フランソワ・ミシュランは拡大中の北米事業の新しい展望を語った。当時、ミシュランはユニロイヤル・グッドリッチ買収のための折衝に入っており、成功する確率は高かった。そこで会社は、二社を統合して事業全体を再編し、強い競争力を持つ企業へと作り替えるプロセスの全体を率いる人間を必要としていた。受話器の向こうで彼は、最も重要な北米市場でミシュランは極めて重要な挑戦に乗り出しており、私にぜひ引き受けてほしいと熱っぽく語った。

私は再び、幸運な状況がもたらした新しい機会のとば口に立ったことを悟った。ただし、今回は複雑な心境だった。私は少し考える時間がほしいと頼んだ。

片道切符

アメリカに渡り、そこで人生の一時期を過ごす。それは魅力的なことだった。ミシュラン北米の本社があるサウスカロライナ州グリーンビルには、出張で何度か足を運んだことがあった。広い通り、大きな家、巨大なショッピングモール、山々の連なる美しい景観、親しみやすい人々。私は人口六万ほどの安全で静かなこの街を気に入っていた。刺激的でカラフルで、時に荒々しく決して安全な都市とは言えない人口六〇〇万のリオデジャネイロの雑踏や混沌と、グリーンビルはまったくの対極にあった。

しかし、ブラジルを離れるという決断は、個人的にも感情的にもつらいものだった。レバノンやフランスで学校生活を送っていたときも、いつも両親や姉妹たち、幼馴染の友人たちが暮らすリオの家に帰ることを夢見ていた。レバノンでもフランスでも、人々は心から私を受け入れてくれたが、私がブラジルから来たアウトサイダー、異邦人であることに変わりなかった。

フランスでの学生時代とミシュラン時代を通じて、私は一貫してブラジルへ強い愛着を感じ続けていた。南米事業のCOOという話が出たとき、私は心の中で「ようやく家に帰れるんだ」と思ったものだ。

ブラジルに渡った私は、リオのイパネマ海岸に面したアパートメントでリタと新婚生活を始めた。泳いだり、友達とビーチバレーに興じたり、浜辺を散歩したり、アウトドアの遊びを満喫した。ブリッジも楽しんだ。妻のブリッジの腕前はかなり上達し、私たちはよくリオデジャネイロのブリッジクラブに出かけた。ブラジルは何年もブリッジの世界チャンピオンを輩出している国で、私たちが足を運んだクラブには斬新で攻撃的なブリッジをする腕のたつプレーヤーが集まっていた。

リオで最初の子ども、キャロラインが生まれた。若い私たちは生まれたばかりの娘と一緒に、娘の大好きな祖父母や伯母たちの近くに住み、満ち足りた家庭生活を送っていた。私にとって、そんな暮らしを投げ打ってアメリカに移る決心をするのは、たやすいことではなかった。

仕事の面から見れば、アメリカ行きを引き受ければどれだけ有利か分かっていた。しかし、私はひとたびブラジルを離れてアメリカへ渡れば、二度とここで暮らすことはないという寂しい現実を予感していた。両親を訪ねたり仕事で訪れることはあっても、これで永遠に故郷とは袂を分かつことになる。それが現実だった。リオからの切符は片道切符に違いなかった。

新しい環境への適応

結局、私は一九八九年、欧州以外では最大の規模を持つミシュラン北米のCEOとなり、ユニロイヤル・グッドリッチとの統合という仕事に取り組むことになった。

ミシュラン・ブラジルからミシュラン北米へ移ったことで、まったく異なるビジネス環境と職場環境に順応しなければならなかった。事業規模も雲泥の差だった。北米はミシュラン・グループ全体の総売上げの三五パーセントを占めていた。たとえて言えば、小さなヨットを操っていた私が、一転して航空母艦の操舵を任されるようなものだった。

ブラジル時代、戦略上の意思決定や事業運営で私は大幅な裁量権を与えられていた。フランソワ・ミシュラン直属であり、事業もめざましく立ち直ったので、本社から介入されることはなかった。ミシュラン北米でも、ブラジルのときと同じように直属の上司はフランソワ・ミシュランだけだったが、本社の人間が肩越しに覗き込んでいるような感じを何度も味わった。

ミシュラン本社はユニロイヤル・グッドリッチとの統合に不安を感じていたのだ。ミシュランはこれまでこの種の買収を手がけたことはなかったので、本社の人間は合併話が自分たちのあずかり知らないところで進むことを恐れたのだと思う。

本社からの介入の違いについては、もちろん事業規模の違いも大きかったと思う。それからもうひとつ、私の観察では、本社の人間は混乱した状況下では経営を現地の人間に委ね、介入してこない。口をはさむのは物事がうまく進み始めたときである。

ともあれ、私はそうした本社のやり方に順応し、介入されても気にしないことに決め、必要だと思ったときは介入をきっぱり拒否しようと決心した。

本社からの介入に慣れるには苦労したが、その点を除けば、私はアメリカとブラジルのビジネス環境の違いに速やかに順応することができた。

ブラジルではハイパーインフレと高金利の影響下での舵取りを強いられ、政府の担当者と価格調整の折衝を頻繁に行い、日常的な政府の介入と闘わなければならなかった。

しかし、アメリカでは、政府の介入に神経質になることもなければ、価格統制もなかった。価格を決めるのは市場だった。ブラジルのような高い転退職率に悩む必要もなく、とくにサウスカロライナ州では安定した労働力を確保することができた。この国では、顧客満足と競争というビジネス本来の二つの問題に焦点を絞ることができた。私の企業経営へのアプローチは北米で一八〇度転換した。新しいアプローチは私にとって好ましいものだった。

アードモア工場を襲った竜巻

ユニロイヤル・グッドリッチとの統合について語る前に、少し先の話になるが、本社の意向を質さず私が独断で決断した例を挙げておこう。

事件は一九九五年五月に起きた。オクラホマ州アードモアのタイヤ工場が竜巻に直撃され、およそ五〇〇〇万ドルの被害を被ったのである。工場はユニロイヤル・グッドリッチ買収の一環として取得したものだった。このため、従業者のほとんどが旧ユニロイヤル・グッドリッチの社員だった。

竜巻が襲ったのは日曜の午後だった。夜、私のスタッフで広報および社内コミュニケーションを担当するジム・モートンに、アードモアの工場長から被害の程度を知らせる電話が入った。ジムは被害状況を調査するために急遽アードモアに飛び、月曜の朝にグリーンビルに取って返すとさっそく私に報告した。

「どうすれば元通りになるのか、まったくお手上げの状態です。壁は崩れ、機械や設備はそこらじゅうに散らばっていて、とにかく凄まじい被害です」

彼の推定では、残骸を片づけて操業を再開するまでには一年半くらいかかりそうだという。心の中で私は、一年半もの生産不能は長すぎると思った。生産をアードモアから別の工場に移すべきか、すぐにも決断しなければならなかった。

だが、生産を移すことになれば、竜巻で職場が破壊されて落胆しているアードモアの従業員は職まで失うことになる。彼らは、ミシュランが竜巻の被害を工場閉鎖と生産業務の整理統合の口実に使うのではないかと心配していた。しかし、私の中ではこの状況で工場閉鎖の選択肢はなかった。

ジムが調査報告をしてくれた二日後に、私はアードモアへ向かった。工場復興に必要なコストと期間を確認するためだった。

ジムの言葉通り、さながら戦場のまっただなかのようだった。さっそく工場長たちと被害の程度について話し合い、全員で残骸の撤去作業と再建に携わるならば、操業再開の時期は早まるという結論に達した。

アードモア滞在中に私は、今回の災害で工場関係者が失職する心配はないとの声明を新聞に発表した。声明を出したことで従業員たちは勇気づけられ、再建作業に意欲を見せた。経営トップから従業員まで、工場関係者全員が一致団結して復興に努めたのである。

アードモアの災厄を経て、私の中に確固たる信念が生まれた。リーダーはみずから現場に出て、部下を心から案じ、支えようとしていることを伝えなければならないという信念である。過酷な状況では、とくにそれが大切だ。口先で何を言っても従業員は受け入れはしない。

工場再建の決断に際して、私はフランソワ・ミシュランに相談する必要はなかった。彼とのあいだには長年の信頼関係があり、アードモアのような状況で彼ならどう考え、行動するか、私には分かっていた。彼は人間を大切にする経営者だった。かりに長期戦略の一環として工場閉鎖を視野に入れていたとしても、あの時点でミシュラン本社が工場の再建資金をしぶるという疑いは爪の先ほどもなかった。

アードモアのような状況では、本社の反応など気にすることなく独断でことにあたることができた。実際、この工場はわずか一三週間で再建され、操業再開に漕ぎ着けたのである。

10 困難な日々

上院議員を前にしたとたん、要求を口に出せなくなるCEOもいますが、彼の場合は全力で目的を達成します。彼が自分で必要だと確信し引き受けてくれたことは、部下のために必ずやり遂げてくれました。

——ジム・モートン（前ミシュラン北米ゼネラル・カウンセル、現北米日産副社長）

気の遠くなるような仕事

一九九〇年、ミシュランはユニロイヤル・グッドリッチの一〇〇パーセント買収に成功した。北米への戦略的進出を目指すミシュランにとって、経営状態の悪化した同社を買収合併することは意味のあることだった。戦略は筋の通ったものだったが、実際に両社を統合するという気の遠くなるような仕事は私の手に委ねられた。

それにしても、タイミングがこれ以上ないというほど悪かった。一九九〇年代初頭の不況でミシュラン・グループは赤字に転落し、一九九〇年から九三年にかけての赤字総額は一八億五〇〇〇万ドルにのぼった。この不況のさなかに、私たちは事業統合プロセスを推し進め、さまざまな角度から一斉に押し寄せてきた問題をただちに解決しなければならなかった。

　カルチャーが異なり、ビジネス哲学も実践方法も対極にあり、何よりもマネジメント・スタイルが真っ向からぶつかり合う二つの会社を統合することは、控え目に言ってもかなり骨の折れる仕事だった。

　ミシュランは同族会社で、極めてヨーロッパ色の強い――というよりフランス色と言うべきかもしれないが――グローバル企業だった。製品と技術と品質を重視し、時に短期目標を掲げることはあっても基本的には長期目標に基づいて経営されていた。法的に言うとミシュランは「株式合資会社」だが、これは損失が生じた場合の責任は共同社主《マネージング・パートナー》にあって、自分の資産を売って補塡しなくてはならないということを意味する。だから、株主が不満を感じても共同社主たちはほとんど動じることがなく、株主の不満の声が、何らかの変更や改善に反映されることは少ない。社内では共同社主がすべての権限を握っている。

　かたやユニロイヤル・グッドリッチは、北米中心に事業展開する極めてアメリカ的な企業だった。市場志向で短期的利益を重視する傾向が強く、R&D（研究開発）にはあまり力を入れていなかった。この四半期に利益を上げることができなければ、次の四半期には確実に上げなくてはならない。それが彼らの考え方だった。目まぐるしく浮き沈みを体験しており、拡張と成長を目指してきたミシュランとは対照的な危うさを感じさせた。

両社のカルチャーの違いは、一九九〇年代初頭の不況で顕著に現れた。ユニロイヤル・グッドリッチから来た人々はミシュランが収益を気にしないことに驚き、自動車メーカーにOEM供給するタイヤ（新車組立用品市場）の開発に力を入れる理由がなかなか分からなかった。彼らに言わせれば、個人顧客向けの交換用タイヤ（サービス部品市場）のほうが収益性が高く、それに照準を絞るほうが理に適っているということになる。

一方、ミシュランはユニロイヤル・グッドリッチの近視眼的な考え方に戸惑いを覚えた。市場を見る目も違うと感じた。ミシュランは「OEM市場向けに新製品を投入するのは、ブランド名を浸透させ、サービス部品市場を確立するためのひとつの手段だ」と説明した。

フランスとアメリカの結婚

二つの会社が一緒になるということは、二つの文化が結婚するということである。よく「西欧世界」という言い方を耳にするが、ひと口に西欧世界と言っても、そこにはさまざまな文化がある。

一般に、アメリカ人は個人の業績に関心があるが、フランス人は雇用保障を重視する。アメリカ人は数字を重視し、利益志向が強く、手っ取り早く核心に迫ろうとする傾向がある。フランス人は非常に分析的で、物事や問題をさまざまな観点から論じ、量より質、業務遂行より戦略を重んじる。

ミシュラン北米とユニロイヤル・グッドリッチの統合においては、実際には、スタイルの異なる三つのマネジメント・チームが一緒に仕事をしようとしていた。すなわち、一〇〇パーセントアメリカ人で構成されたユニロイヤル・グッドリッチ・チーム、アメリカ人とフランス人で構成されたミシュラン北米チーム、そしてミシュラン本社のフランス人チームである。

フランスとアメリカのビジネスマンは互いに信頼し敬意を払うことができないらしい。フランス人はアメリカ人に対して、ビジネスに対する姿勢があまりにもカジュアルで、ボスにも馴れ馴れしく、やみくもにリスクを引き受け、安易にことを進めたがり、大袈裟な目標を掲げるわりには遥か手前で挫折する傾向が強いと感じている。アメリカ人に言わせれば、フランス人はよそよそしく、会社の格や地位ばかり気にしていて、非常にエリート意識が強く、リスクを回避する方法ばかり考えている、ということになる。

私たちはイライラしたり、カッカしたり、時には相手の感情を傷つけるような言葉をぶつけながらも、違いを乗り越え、共通点を見つけようとした。いちばん大切なのは目標を見失わないことだった。

二社の統合のプロセスで私は多くのことを学んだ。ミシュランについては、もっと利益を重視すべきで、成果に連動したボーナスのようなインセンティブ・プログラムが必要だと思った。ユニロイヤル・グッドリッチについては、方向性は間違っていないが、戦略やR&Dや投資を軽視してきたことが財政難の原因のひとつだということも分かった。

また、複数の文化から成る企業のマネジメントについてもさまざまな教訓を得た。フランス流にせよアメリカ流にせよ、どちらかのマネジメント・スタイルが圧倒的に優れているということはあり得ない。これはミシュラン北米時代に私の中に深く刻み込まれた教訓である。どちらも会社の役に立つ重要な何かをもたらすことができる。私は二つの会社の長所をうまく足し合わせることができれば、ミシュラン北米はより強力で競争力のある企業になると思った。そして、両社のどの特性を残すかという決断を迫られる時期が来たら、客観的かつ公平な態度で臨もうと心に決めた。

今日、ミシュラン北米は当時よりも市場を重視するようになり、新車組立用品とサービス部品の市場バランスも改善されている。R&Dは重視され、利益が見込めるまでにそれなりの年月がかかるようなプロジェクトへの投資も増えている。一方は買い取った会社、もう一方は買い取られた会社だったが、両社はさまざまなプラスの影響を互いに与え合ったのである。

このギブ・アンド・テイクのプロセスのなかで、フランソワ・ミシュランは終始、両社を対等に扱う態度を貫いた。彼はユニロイヤル・グッドリッチの感情を損なわないように細心の注意を払えと私に忠告してくれた。「彼らにミシュラン傘下に入ってよかったと思ってほしいからだ」

マネジメント・チームをひとつにする

統合プロセスで私が最初にしたことは、両社のマネジメント・チームからひとつのチームを作ることだった。統合に必要なリストラや組織再編を指揮するうえで、単一のマネジメント・チームが不可欠だった。最初からひとつのマネジメント・チームが中心になって戦略を明確にコントロールすることが、何よりも重要だった。私たちは二つの会社からひとつの会社を作り出そうとしていたのであり、人々があちこちから戦略を提案したのでは収拾がつかなくなる。もちろん、それぞれに意思決定の権限は与えたが、会社の方針やガイドライン、重要な目標などは、すべて中央のマネジメント・チームが決定した。

マネジメント・チームには最優先すべき二つの課題があった。マーケティングと販売の新しい戦略を策定することと、全社的な事業再構築である。

新しい戦略を策定するのは興味深い仕事だった。ミシュランの製品はシングルブランド、すなわちミシュラン・タイヤだけだった。ユニロイヤル・グッドリッチはマルチブランド企業で、ユニロイヤル、BFグッドリッチ、そしてプライベートブランドや提携ブランドの製品も市場に送り出していた。ユニロイヤル・グッドリッチ買収によって、ミシュランは強力な単一ブランドのマーケティング・販売戦略から、マルチブランド戦略へ移行しなければならなくなった。

マルチブランドの製品ラインを市場に出そうとするとき、複雑な問題に直面するが、それに対しては簡潔な答えを用意しなくてはならない。

私たちが直面したのは、ひとつの市場のなかで複数のブランドをどう位置づけるか、どう差別化するか、自動車メーカーにどう販売するか、新車組立用品市場とサービス部品市場の両方での価格設定をどうするか、有効なチャネル戦略をどう確立するかといった問題である。ちなみに、ミシュランの顧客のなかには独立系ディーラー、そしてシアーズ、ウォルマート、モンゴメリー・ワーズなどの量販店、コストコなどの会員制ディスカウントストアが含まれていた。

私たちは最終的に、これらの問題を解決するためのひとつの結論に達した。簡単に説明すると、四つのブランド――ミシュラン、ユニロイヤル、BFグッドリッチ、提携ブランド――の販売をひとつに統合し、これを量販店担当とか独立系ディーラー担当といった具合にチャネル別チームに再編成した。それによって、チャネルごとに製品の差別化が可能になった。

バラバラの解決策

買収した時点でユニロイヤル・グッドリッチは赤字だった。このため、統合にかかわらず同社はリストラを行わなければならなかった。このときも中央に置かれたひとつのマネジメント・チームが解決にあたった。どの工場を閉鎖すべきか、どの流通センターを統合すべきか、どのサプライヤーに絞るべきかといった問題に対し、私たちは一貫して、無駄がなく収益力の高い会社にするにはどうすればよいかという観点から答えを出さなくてはならなかった。

最初、私たちはタスクフォースを作ってこの課題に取り組んだのだが、いずれのタスクフォースも単一の機能の中で動いていた。両社から人間が集まって話し合ったが、R&DはR&Dだけ、マーケティングはマーケティングだけ、製造は製造だけの担当者から成るタスクフォースだった。

リストラのコストは、一九九〇年から九三年までの三年間にわたる景気後退期にミシュラン・グループが被った赤字をさらに増加させた。景気が後退し、多くの企業が専門性の高い従業員だけ残して規模を縮小しようと動いているというのに、ひとりミシュランは北米市場への大規模な投資を行いながら悲鳴を上げていた。

この三年間、とりわけ一九九三年は、私のキャリアの中でもいちばん苦労した時期だった。統合は正しい方向に向かっているとは思ったが、この苦境を会社が切り抜けられるかどうかは分からなかった。とにかく我慢するしかなかった。努力は最後に実を結ぶと確信していたが、それがいつになるのかは見当がつかなかった。時間をかけすぎているのではないか、リストラは手遅れになるのではないかという疑いにもさいなまれた。

私は状況を好転させ安定させるには、もっと速いペースでさまざまな改革を断行する必要があるという結論に達した。最大の難関は、ミシュラン自体が従来のビジネスのやり方を見直すことだった。これは独自の歴史とカルチャーを持つ企業が、これまで避けてきた問題についに向き合わねばならなくなったことを意味した。

私にはこの問題の難しさがよく分かっていた。彼らはまず、部門ごとに問題に取り組み、解決策を見出そうとした。そして何かしらの策は見つけるのだが、部門内だけの解決策で、会社全体の問題の核心に迫るものではなかった。まるで右手と左手が別々に動き、互いに何をしているのか分からないまま粘土をこねているようだった。

各部署や各部門がそれぞれ勝手に動くという事態は、ブラジルでも何度も目にしてきた。ミシュラン北米でもこれと同じことが起きていた。私は職務の異なる人々を一堂に集め、それぞれ異なる観点から同じ問題や機会に取り組む必要性を痛感した。

クロス・ファンクショナル・チームの誕生

こうして誕生したのがクロス・ファンクショナル・チーム（CFT）だった。これは会社が直面した問題をさまざまな視点から検討・分析するという、差し迫った必要から生まれた。CFTという発想がどこから生まれたのか正確に答えることはできないが、少なくとも学校で習ったり本で読んだわけではない。私はただ、解決不可能に見える問題をなんとか解決しようとしただけだった。

さまざまな分野の人々が活発な議論を交わすうちに、それぞれの部門に染みついた「昔ながらのやり方や慣習」を変えるには、部門や職務の壁を超えて一堂に会する場が必要なことが明らかになった。それなしには顧客や株主を満足させる成果は生まれない。

具体例をひとつ挙げよう。当時、ミシュランはタイヤ製品に非常に厳格なスペックを設けていた。品質を何よりも重視していたからである。しかし、物事には行き過ぎということがある。品質を重視するあまり、いつのまにか必要以上にたくさんのスペックを設けてしまっていたのだ。これを改めるには、R&Dやマーケティングや製造の人間を集めて解決策を見つけるしかない。彼らにはそれまで本当の意味で一緒に仕事をした経験がなかった。過去にミシュラン・グループがこのようなやり方で問題に取り組んだことはなかった。しかし、私はこれこそ、会社が持つ思いもよらない能力を引き出す唯一の方法だと確信した。そして、マーケティング、販売、R&D、製造という異なる機能を担う人々をひとつに集めたCFTを結成したのである。

私はCFTの面々にこう語りかけた。「わが社は品質を維持したいと思っている。しかし、現在のスペックが求められている品質にとって本当に必要なものかどうか、過剰品質に陥っていないかどうか見直さなければならない」

私たちは議論を進めるなかで、カーボンブラックや合成ゴム、天然ゴムのサプライヤーに意見を求めたり、購買担当者と技術者と物流担当者を集めていろいろな質問をした。天然ゴム含有率が八〇パーセントも必要か、コスト面から言ってもう少し合成ゴムの割合を増やせないか、常に最高級天然ゴムを使う必要があるのか、二級品や三級品を少し混ぜたら品質にどんな影響が出るのか等々。かつてこの種の疑問が発せられたことはなかった。さまざまな角度から物事を見るCFTを設けたからこそ出てきた発想だった。CFTがあれば、顧客が何を求めているか、製造部門、購買部門、R&D部門が何を考えているかを如実に知ることができる。

私には、CFTが、行き詰まった状況や力不足の状況を打開する唯一の方法に思えた。さまざまな部門の人々を集めて特定の課題――たとえばコスト削減、品質向上、リードタイム短縮、収益改善など――を与えさえすれば、あとは彼らが大いに力を発揮するのを見守っているだけでいい。もちろん、染みついた古い考えと断固闘う決意がトップになくてはならないが。

先にも述べたように、CFTのアイディアは私だけのものとは言えない。実行に移す決断は下したが、アイディア自体は時間をかけてたくさんの人と議論を繰り返し、ブレイン・ストーミングを行うなかで生まれたものだ。話し合ううちに、部門ごと職務ごとに問題を解決しようとしても何の策も得られないこと、部門と部門のあいだ、職務と職務のあいだにこそ未知のパワーが隠れていることが分かってきたのである。

ただしCFTは、各部門の代表をただ集めてミーティングを開き、現状報告をさせればこと足りるというものではない。CFTは問題と機会のあらゆる側面を細部に至るまで徹底的に検討する、極めてシステマティックかつ抜本的なプロセスである。CFTが新しいアイディアを提案し、既存の組織やマネジメントが彼らの提案に基づいて意思決定をする。クロス・ファンクショナル・チーム（CFT）という名称は、ミシュラン北米の経営委員会の会議で誕生したものである。

苦労の成果

一九九四年度、ミシュラン・グループは二億四七二〇万ドルの純利益を上げ、ようやく黒字に転換した。それはさまざまな要因が合わさった結果だった。景気は好転し、市場は息を吹き返し始めていた。ミシュラン自体もマーケットシェア主導型から利益主導型へ移行し、大幅なコスト削減にも成功していた。コスト削減はCFTの直接的な成果だった。マルチブランド戦略も軌道に乗った。こうした要因がすべて重なって黒字化に成功したのである。

これ以降、ミシュラン北米は成長軌道に乗り、収益は増大した。余剰のあった生産能力もいまやフル稼働していた。一九九五年には、北米へのさらなる進出と収益力強化のために生産を拡大する必要があることが明らかになってきた。

同年六月、私はサウスカロライナ州で一〇億ドルの投資を行うと発表した。これは一九九〇年のユニロイヤル・グッドリッチ買収以来の大規模な拡張計画だった。ミシュランが初めてサウスカロライナの地に北米本社を設立したのは一九七五年だった。以来、ミシュランはこの州と良好な関係を維持してきた。投資の発表に際して、私は新聞のインタビューに答えて次のように話した。「ビジネスを立ち上げるための環境、優れた職業訓練や技術訓練、そして州政府の協力が、わが社が一貫してこの州を投資の第一候補に掲げている理由です」

いまや会社は拡張モードに入り、私はここ十年来初めて、まともなビジネス環境で会社運営に携わることができるようになった。統合プロセスは速やかに進み、市場は回復し、会社は利益を上げ成長していた。私はこれからは波静かな航海が続くと思った。

11 ——転機

ミシュランは同族会社ですから、いずれゴーン氏に別の道を探さなければならない時期がやってくることは確かでした。

——フィリップ・ヴェルヌイ（ミシュラン経営委員会メンバー）

新しい共同社主

私はミシュランでの自分の将来について真剣に考え始めていた。私はすでに社内では考え得るいちばん高い地位に上り詰めていた。ミシュランが同族会社である限り、これ以上の高い地位は望めなかった。フランソワ・ミシュランともう二人の共同社主がトップの地位に就いており、フランソワ・ミシュラン引退後は息子のエドワール・ミシュランが父の座を受け継ぐことになっていたからだ。

フランソワ・ミシュランは、息子をミシュラン北米の私のチームに預け、後継者としての訓練と準備をさせたいが引き受けてくれるかと打診してきた。私は承諾し、一九九三年から九四年にかけて彼と一緒に仕事をした。彼には北米のトラック用タイヤ部門を任せた。彼は北米の生産全体を統括し、トラック用タイヤの販売および流通を担当した。

当時彼はまだ三〇歳になっていなかったが、非常に意欲的で有能だった。私たちと一緒に仕事をすることで、さまざまな体験をし、多くのことを吸収したに違いなかった。ユニロイヤル・グッドリッチとの統合プロセスをともにくぐり抜けたので、ミシュラン北米が克服した問題やミシュランの企業カルチャーに起因する問題もよく分かったはずだ。

私は彼に何事も率直に話し、二人の関係は極めて良好だった。彼は私のCEOとしての権限もボスとしての権限も尊重してくれた。だが、いずれは後継者として父親の地位を引き継ぐ。それは私も含めて会社の誰もが知っていたことだった。

一九九五年、フランソワ・ミシュランは引き継ぎ準備のために、息子をフランスに呼び戻した。世襲企業ではよくあることだが、息子は自分の時代が来ると独自の方向性を打ち出そうとする。エドワール・ミシュランの場合もそうだった。ミシュランという会社はあまりにも地域性が濃いと感じていた彼は、北米、アジア、欧州という地域別に事業展開するのではなく、乗用車用タイヤ、トラック用タイヤ、ブルドーザーなどの大型機械用タイヤ、地図・ガイドといった製品ライン別に組織を再編して、グローバルな展開を目指そうと考えた。

ミシュラン・グループは会社再編のための最善の方法を模索し始めた。当然、グループのおもだったエグゼクティブたちも、この分析に参加するよう要請された。その結果ミシュランは、製品ライン別の九つの戦略的事業ユニット、グループ全体の経営管理業務全般を行う一一のサービス部門、地域ごとに業務を調整する四つの地理的地域、世界全体の製品開発に携わるひとつのテクノロジー・センターに再編された。

私はミシュラン・グループ最高経営委員会の一員となり、グループ全体の総売上げの約五五パーセントを占める乗用車・小型トラック用タイヤ事業ユニットを統括した。北米地域を担当するミシュラン北米のCEOもこれまで通り兼任した。ミシュラン側は私がアメリカに強力な人脈を持っていること、そしてグリーンビルでの生活に満足していたことに配慮し、当面はアメリカに滞在することを認めてくれた。しかし、遅かれ早かれクレルモン・フェランに戻らなければならない時期が来ることは確かだった。

一九九六年一月、ミシュランの再編が発表された。新聞は私が最高経営委員会の一員となったが、グリーンビルには「当面」留まることになるだろうと報じた。しかし、現実的には最高経営委員会の一員でありながら「当面」アメリカに留まることはできないと分かっていた。クレルモン・フェランに戻らなければならないことは確実だった。

リタの覚悟

妻のリタには何事も包み隠さず率直に話してきた。彼女は暮らしと仕事の両面で私のパートナーである。仕事で困難に直面したときは、客観的な立場にいる彼女に話す。彼女が決して口外しないことは分かっているので、話した内容が誰かの耳に入る心配はない。

いずれクレルモン・フェランに戻ることになりそうだと告げると、彼女は動転し、引っ越しは嫌だと強い口調で言った。私には妻の気持ちが手にとるように分かった。

私たち家族はグリーンビルの街が大好きだった。ここは南部の小さな活気あふれる都市で、国際的なビジネスにふさわしい街だった。車で行ける程度の距離に、非常に美しい風景が広がっていた。到着してまもなく、オフィスにほど近い閑静な住宅街に家も買っていた。

家族もここで増えた。ブラジルから引っ越してきたときは子どもは長女のキャロラインだけだったが、一九八九年には次女ナディーヌが生まれ、一九九二年に三女マヤ、一九九四年に長男アンソニーが生まれた。グリーンビルは私たちにとって、わが家と呼べる場所になり始めていた。

子どもたちは隣り近所や学校に友達がいた。リタは毎日の暮らしを楽しんでいた。彼女はグリーンビルを愛し、いつまでもここに住みたいと思っていた。住み慣れた土地を離れ、友達と別れるのは胸が張り裂けるほど悲しいことだ。

しかし、彼女には私の悩みも、この先もミシュランに残れば持ち上がってくるだろう問題も分かっていた。彼女はこの先の展開を察知していた。私とフランソワ・ミシュランの親密な関係も知っていたし、将来エドワール・ミシュランがトップの座に就いた時点で起こるであろう事態も予想していた。自分の思いも同時に断ち切るように、彼女はこう言った。

「辞めたほうがあなたのためになるわ。転職するのがいいと思う。あなたはまだ若いし、何か別の仕事だってできる。引っ越しましょう。クレルモン・フェラン以外ならどこでもかまわないわ」

ヘッドハンターからの電話

ミシュランは働き甲斐のある会社だった。出世の道を拓き、エグゼクティブへと上り詰める機会を与えてくれた。

先にも述べたように、フランソワ・ミシュラン率いるミシュランは製品とマーケットシェアと成長を重視したが、必ずしも利益を最優先させる会社ではなかった。そのせいで過去幾度となく収益性の低下という問題に直面した。そこで、ミシュランは経費削減策の一環として早期退職プログラムを導入し、管理職の多くは五六歳で定年退職することを求められた。定年後も会社に残る場合もあったが、他の管理職との関係がぎくしゃくするケースが多かった。

そのような方針は、定年というものについての私自身のイメージとは異なっていた。会社の財政難を救うために退職を余儀なくされる——そんな形で辞めるのは真っ平ごめんだった。私は精一杯働き、能力の許す限りピークに上り詰めたあとで引退したいと思っていたからだ。このことも、いずれ決断を迫られる時期が来ると感じていた理由の一端だった。

とはいえ一方では、会社への忠誠心からミシュランを辞めることは難しいとも思っていた。ミシュラン・グループは強烈な個性を持つ企業である。社員は強い絆で結ばれたひとつのファミリーであり、感情的なレベルで結束している。いったん入社すれば定年までまっとうするのが当たり前だった。中途退社は言わば村のおきてを破るようなもので、してはならないことだった。

そんなことをあれこれ思いながら、はたして自分にどのような選択肢があるのか、はっきりとは見えていなかった。そんな一九九五年七月のある日、パリのヘッドハンターから電話をもらった。

「あなたについていろいろな記事を読みました。ミシュランですばらしい実績を上げていらっしゃいますね。現在はアメリカを拠点にご活躍だそうで」

私自身や私のこれまでの仕事についていろいろ知っているところをみると、ずいぶん前から動向を見守っていたに違いなかった。

「ぜひ、お目にかかってお話しさせていただきたいのですが。お時間はとらせません。あなたをもっと知っておきたいものですから」

話すうちに彼もエコール・ポリテクニークの卒業生であることが分かった。出身校が同じで、教授たちや当時の学生に共通の知り合いが多くいたこともあり、こちらにも彼の真摯な態度が伝わってきた。仕事でフランスに行く用事があるので、そのときに会うことを約束した。

彼とはレストランで会い、食事のあいだじゅう、学校時代の話やビジネス全般の話などたわいのない世間話をした。それから彼は、私の経歴や現在の仕事について詳しくたずねてきた。最後に彼は、私の興味を惹きそうな仕事の話があれば電話すると告げ、私たちは握手をして別れた。そのときはただの楽しい世間話、それだけだった。

その後一年近く音沙汰がなかったが、翌一九九六年三月になって電話がかかってきた。

「ぜひお話ししたいことがあるのですが」

仕事のことで相談したいと言ってきた。しかし、私はいまのところ仕事には満足しているし、ミシュランでは新しい動きが始まったばかりだと答えた。

「とても大切な話なんです」

私は彼の口調から切迫したものを感じ、何だろうと思った。

「これまであなたは大手のサプライヤーで仕事をなさってきたわけですが、自動車メーカーでの仕事にも興味がおありではないかと思ったものですから」

サプライヤーの立場からすると、自動車メーカーは雲の上の存在だった。彼は私の車好きも機械好きも知っていた。だが、相手が手の内をすべて見せない限り話し合いには応じられなかった。

「それだけでは会えないですね」

私はその自動車メーカーの名前と、用意されている地位を教えてくれなければ会わないと繰り返したが、彼はこの件は内密の話で、電話では話せないと言い張った。私はついにクレルモン・フェランでの会議後、パリで彼に会う約束をした。

パリのレストランで彼はすべてを話してくれた。

「相手はルノーです」と彼は声をひそめて言った。「ルイ・シュヴァイツァーがナンバー・ツーを探しています。いずれはナンバー・ワンの座も夢ではありません」

ヘッドハンターはこんな具合に話を持ちかけてくる。興味を惹きつけるために相手の自尊心をあおり立てる。私に用意されているのは会社の重要な分野をすべて統括するナンバー・ツーの座だと彼は言った。

私はかねがね、自尊心をくすぐって私の行動を左右しようとする輩の話は真に受けないことにしていた。そのときも「この話は少し割り引いて聞いておいたほうがよさそうだ」と感じていた。しかし、彼には説得力があった。「ルイ・シュヴァイツァーにはもうあなたの話をしてあります。先方は会いたいと言っているので、あなた次第で面接の段取りを決めるつもりです」

私は心の中で、これで決まったと思った。ルノーはフランスの非常に有名な自動車メーカーで、本拠地はパリだった。どうせフランスに戻るのなら、パリに越したことはない。妻もクレルモン・フェランの田舎に暮らすよりパリのほうがいいに違いない。

「分かりました。面接に応じましょう」

早朝の面接

最初の面接は朝八時から行われた。この時間帯を設定してきたことで、ルイ・シュヴァイツァーという人物について多くのことを知ることができた。企業のCEOに早朝、彼のオフィスで会うということは、その人物がその仕事に真剣に取り組んでいることを意味する。この種の第一印象はいつまでも心に残り、その後の人間関係を形作ることになる。

彼の話し方は穏やかで明晰、論理的で率直だった。おかげで私は最初からリラックスして話すことができた。彼との会話は心地よく、話せば話すほど、ルノーが目指すべき方向性に対して彼が確固たる考えを持っていることが分かった。

彼は私にたくさんの質問を投げかけ、私も多くのことをたずねた。私は彼の人柄、ルノーという会社、そしてナンバー・ツーに何を求めているのかを知りたかった。彼はルノーの現状に関する明晰で簡潔な分析を行い、私が果たすべき役割について的確に説明してくれた。

小一時間ほど話したあと、最後に彼は、もう一人会ってほしい人がいると言った。私はもちろん承諾した。その人物とは、この話がまとまれば私が引き継ぐことになるナンバー・ツーだった。私はその人物と手短に言葉を交わして別れを告げ、私は空港に直行しアメリカに戻る飛行機に乗った。

面接の手応えは十分だった。ルイ・シュヴァイツァーは私に好ましい印象を残した。

面接から二日後、件のヘッドハンターから電話があった。

「先方は乗り気です。あなたはいかがですか？」

「条件次第です」と私は答えた。ミシュランを辞めてルノーに移るという決断を下すには、もう少し話を詰めておく必要があったからだ。

条件交渉は速やかに進んだ。実際のところ、物質的な条件についてとやかく言うつもりはなかった。私に何ができるかを具体的に実証するまでは、こちらから要求を出すことはできないと感じていたからだ。話し合いを必要とした唯一の条件は時期だった。ルイ・シュヴァイツァーはできるだけ早く来てほしいと考えていた。彼はすぐにも解決しなければならない問題に直面しており、一日も早くチームに合流してほしいと言ってきた。

会社を辞める潮時

辞める潮時というものがあるとしたら、それはいまだと私は思った。それ以前の段階でルノーから話があったとしても絶対に乗らなかっただろう。北米事業の再興を任された信頼に応えるのが私の務めだったからだ。一九九〇年は買収の年で、九一年と九二年は再編の年だった。九三年には利益が減少し市場が冷え込んだ。九四年になると好転の兆しが見え始めたが、九五年時点ではまだやるべきことが山積していた。どの時期をとっても辞める気にはならなかっただろう。

思わず笑ってしまったが、実際、辞めなければならないときは、差し障りのない時点、義務を十分に果たしてうしろめたさを感じない時点、胸を張って去ることができる時点、言い換えれば何かやりがいのあることを達成した時点できっぱりと辞めるべきだ。火事で燃えている家を見捨てて逃げるわけにはいかないからだ。

ルノーからの誘いを受けたとき、私はひそかに思った。

「転職せざるを得ないならいまが辞め時だ。先延ばしすればその分だけ老けていく」

一九九六年七月、私はルイ・シュヴァイツァーに最終的な結論を伝えた。

「行きます。一緒に仕事をさせてもらいます」

辞める決心がついたところで非常に気の重い仕事がひとつ残っていた。フランソワ・ミシュランに辞意を伝えることだった。

12——絆を断つ

フランソワ・ミシュラン

一九七八年の入社以来、私がミシュランで歩んできた道には、一貫してフランソワ・ミシュランの影響が色濃く反映されていた。生粋のフランス人ではなかった私は、同期のフランス人社員の中でおそらく目立っていたのだろう。また、ブラジル・プロジェクトに着手していた関係で、上層部は私の成長ぶりにとりわけ注目していたのかもしれない。

フランソワ・ミシュランは会社の中心だった。重要なポジションに対する最終的な人事権はすべて彼が掌握していた。推測にすぎないが、彼は早い時期から私に目をつけていたに違いない。これもまた推測にすぎないが、本社上層部の私に対する評価の中に、フランソワ・ミシュランの目に留まるような何かがあったのかもしれない。というのも、出世街道の第一歩を踏み出したとき、私はまだ二六歳だったからだ。

ル・ピュイの工場長に任命されたとき、私は入社後たかだか二年しかたっていなかった。工場長は普通なら勤続二〇年以上のベテラン社員が就任する地位だった。工場長を経て数年で、私はミシュラン・ブラジルのCOOとしてブラジルに赴任した。当時三〇歳、ミシュラン始まって以来の最年少COOだった。

ブラジルから本社に進捗状況の報告に戻ると、彼は話を聞きながらアドバイスしてくれた。時に私の意見に首をかしげることはあっても、口を差しはさんだり、私の判断を頭ごなしに撤回させるようなことは一度たりともなかった。彼は現地にいる私を信頼し、支えてくれた。彼はいつもこういう言い方をした。

「君が知っているいちばん効率的な方法で仕事を進めなさい。そして結果を出しなさい。もしも良い結果が出なければ、その理由を教えてもらうよ」

「必要なものがあれば言いなさい。何か私にできることはないかね?」

ブラジルでの事業が黒字化に成功したことで、明らかに私に対する信頼感は高まり、強くなっていったと思う。一九八九年に彼は、私をミシュラン北米のCEOに任命した。このときも私は、三五歳というミシュラン始まって以来前例のない最年少CEOとなった。

ミシュランでの一八年を振り返ると、フランソワ・ミシュランと私は仕事面で極めて親密な関係を保ってきたと思う。私が会社に貢献したこと、彼の信頼に応えてきたことを、彼はしっかり受け止め認めてくれたと私は感じている。

距離的に離れていたことも、相互理解や相互信頼に有利に働いたのかもしれない。お膝元のクレルモン・フェランでなかったことも幸いしたのだろう。古いことわざにもあるように、「離れていれば想いはつのる」のである。

人間的に見ても、フランソワ・ミシュランは非常に好ましい人物だった。嗜好は洗練されていたが同時に実際的な人だった。日々の暮らしの中では素朴なものに心を寄せ、草花を愛でたり育てたり、ごくありふれた余暇を楽しんでいた。思いやりがあり、年齢や国籍に対する先入観はまったくなく、一目で人を見抜き、潜在能力を見極める力を持っていた。

彼は私に大きな影響を与えた。ビジネスの世界での手本というだけではなく、それ以上に人間としての手本を示してくれた。私は、経歴や年齢ではなく、能力や技術や才能に基づいて人に対する信頼感を培うことを学んだ。

決断

ミシュランの人々は私たちの強い絆に気づいていた。おかげで私は本社上層部に介入されずにすんだのである。しかし、強い絆は社内の嫉妬心をあおっていた。遅かれ早かれ、彼の息子とのあいだに軋轢が生じることは明らかだった。

トップの椅子を受け継ぐ息子には、いずれ過去をばっさりと断ち切らなくてはならない日が訪れるだろう。そして、みずからの足跡を刻むために、自分の息のかかったチームや組織を求めるに違いない。四〇年にわたって会社を運営し、社内で慕われてきた人物の後釜に座るとしたら、なおさらその傾向は強いはずだ。父親が去ったあとも、私がいたのでは、父親の影につきまとわれることになるだろう。

私は自問自答を繰り返した。「おまえは、受け入れてもらえないまま、フランソワ・ミシュランのお気に入りだったという理由だけでお情けで置いてもらっているような状態に甘んじるつもりなのか?」。これも過去を断ち切らなくてはならないと思った理由のひとつだ。とにかく、このままで行けば、さまざまなことが待ち受けていることが分かっており、それだけは避けたいと思ったのである。

しかし、実際に行動を起こしたのは一九九六年になってからである。この年はいろいろなことが一時に押し寄せてきた。ミシュランの組織が大幅に変わり、クレルモン・フェランへ戻る可能性が浮上し、息子のエドワール・ミシュランがミシュラン・グループのCEOの座を引き継ぎ、私にはルノーからの誘いがあった。

こうしたことすべてが重なったことで、私はいよいよ潮時が来たと感じた。動き出す時が来た。いまここで決断しなければならないと思った。

何かが壊れた瞬間

いずれにせよ、まずフランソワ・ミシュランに話さなければならなかった。彼に何をどんなふうに話せばいいのか、私は何週間も心の中で準備した。とにかく彼を傷つけることだけはしたくなかった。正直なところを話したほうがいいのかどうか、その判断は非常に難しかった。理由を告げずに去ったところで彼には私の真意が分かるはずだ。ちょうど良い潮時に私が辞めれば、会社にとっても私にとっても好ましいことに違いない。

一九九六年七月、ミシュラン最高経営委員会の年次戦略セミナーが終了したとき、私はフランソワ・ミシュランのところへ行った。

心の中で繰り返し準備してきたにもかかわらず、辞意を告げるのはつらかった。会いに来た目的を話すと、彼は呆然として言葉をのんだ。私は理由を説明し、辞職によって生じるプラス面を強調しようとした。私の転職先はライバル会社ではなく自動車メーカーであること、この業界を去るわけでもなければ、会社が私の力を必要としている時期に去るわけでもないこと。しかし、どんな理由をつけようと、どんなふうに説明しようと、一八年間培ってきた関係を断つという事実を言い繕うことはできなかった。

話し終えたあと、フランソワ・ミシュランと私とのあいだの何かが壊れたことを感じた。彼は私の前途を祝し、私たちは別れの言葉を交わした。

これ以降、私は二度ほどフランソワ・ミシュランと話す機会があった。最初は彼がルノーを訪れたときである。自動車メーカーを訪れたサプライヤーのトップはよく私のオフィスを覗いていくが、彼も挨拶がてらやってきて、うまくやっているかと声をかけてくれた。もう一回は、一九九九年一〇月、私が日産リバイバルプランを発表した直後だった。彼は突然電話をくれて私を励ましてくれた。「いつも君がどうしているかと思っている。これから大変な時期を通るだろうが、君の成功は私が太鼓判を押すよ」。彼と話したのはこの二回だけである。

四〇年にわたってミシュラン・グループのトップを務めたフランソワ・ミシュランは、現在も共同社主のひとりとして名を連ねているが、ほぼ引退したに近い状態である。彼がいつも背後から見守り、勇気づけてくれたおかげで、私は人が不可能だと思うことを達成できた。そして、彼が私以上に私を信頼してくれているという安心感に常に支えられてきた。私はそのことを生涯忘れない。

III部

ルノー

13 ――悩む名門企業

ゴーンさんは、何をするにしても、人は簡単には動かないものだと思い込んでいる人を取り込む力を持っていました。懐疑的な見方しかできなかった人たちが突然態度を一変させ、さまざまなアイディアを出して変革を推進するようになったのです。彼らは驚くほどの変貌を遂げました。――ジャンバティスト・ドゥザン（ルノー副社長）

ルイ・シュヴァイツァー

私は初めて会ったときから、ルイ・シュヴァイツァーの落ち着いた物腰、ルノーに対する深い愛情、戦略の的確さに感銘を受けた。そして、いろいろな意味で自動車業界には稀有な存在だと感じた。

彼は一九七〇年にフランス大蔵省主計局の官吏として出発し、いくつかの要職を歴任したのち、画期的な転身を図ってルノーに移った人物だった。大手銀行か大手保険会社への転職という道もあったはずだが、自動車メーカーを選んだ。これは重大な決意である。一九八六年に自動車業界に飛び込んだシュヴァイツァーは、ルノーの抱えていたさまざまな難題に真っ向から取り組んだ。

一九八六年のルノーは倒産の瀬戸際に追い込まれていた。一九八四年から八六年にかけての赤字総額は二九〇億フラン（三五億ドル）にのぼり、アメリカ政府がクライスラーを救済したように、フランス政府は税金を投入して資金援助を行った。

ルノーが収益を上げられないおもな原因は、国有企業だったことにある。実際、ルノーにとって、利益はあれば望ましいという程度で、なくてはならないものではなかった。

シュヴァイツァーが入社した当時、ルノー車と言えば粗悪というイメージがあった。高い製造コスト、従業員過多といった問題もあったが、それらは問題のごく一部にすぎなかった。市場も国の保護する国内市場に限られ、国の保護がなければ、外国の自動車メーカーとの競争に敗れ、もっと早い時期に危機的状況に陥っていただろう。

当時、ＣＥＯ（最高経営責任者）を務めていたレイモン・レヴィは、もはや優遇された国内市場にのみ依存できない時期が来ていると考え、世界市場進出の必要性を認識していた。ルノーは市場が勝者を決める競争の場に上がり、他社に打ち勝たなければならなかった。

レヴィと同じ企業理念を持っていたシュヴァイツァーは、国際競争に打ち勝つには高品質の製品と信頼できるサービスの提供が不可欠だと考えた。彼はレヴィやルノーの人々とともに、会社を立て直すためのさまざまな措置を実行した。その結果、ルノーは一九八九年に黒字に転じ、以後一九九五年まで良好な収益力を維持した。

一九九二年、シュヴァイツァーはレヴィの後任としてＣＥＯの座を引き継ぎ、民営化と民間企業のマネジメント原則にのっとった企業運営という大きな目標を掲げた。一九九四年、ルノーは政府の株式保有比率を五三パーセントまで減らす折衝に成功し、同年、フランス株式市場に上場した。二年後の一九九六年、政府の株式保有比率は四四パーセントまで削減された。

私にはフランス政府がほとんど実権を握っているような企業に入ることなど思いもよらなかった。政治や官僚の介入によって、戦略や計画をめぐる意思決定の権限が拡散し、希薄になり、時には妨害されるような状況では、とても仕事はできない。しかし、ルノーの場合、国は依然として最大株主ではあったが、保有比率を下げる時期、あるいは完全に撤退する時期がいずれ来ることが予想できた。

シュヴァイツァーは民間企業のＣＥＯとして大いにその手腕を発揮し、戦略の立案と実行に本腰を入れて乗り出した。彼の戦略は次の二つの軸に沿ったものだった。

1　合理化を進め、国内での競争力をつけ、コスト効率を高める。
2　欧州市場が飽和状態に達したことを踏まえて、潜在力を秘めた欧州外市場を開拓する。

彼はルノーの成長には欧州外市場への進出が不可欠だと考えていた。欧州が国別に分断され、メーカーがそれぞれ自国の市場に君臨した時代は終わっていた。欧州は規制緩和と市場開放に向けて走り出し、世界中の自動車メーカーが欧州市場を目指そうとする時期が訪れていたのである。

そして一九九六年、八九年以来黒字を維持してきたルノーは再び赤字に転落した。

最初の面接で、シュヴァイツァーはルノーが直面している問題を指摘し、時間の許す限り詳しく説明してくれた。彼は窮地に追い込まれているルノーの現状をありのままに語り、就任と同時に私が直面することになる試練や課題について率直に話してくれた。

「わが社はさまざまな分野で問題を抱えていますが、可及的速やかな対応が必要なのは、コスト効率の改善です」

こう言って彼は、コスト削減のためのステップをいくつか私に説明してくれた。「現在の目標は、二年後に生産コストを一台当たり三〇〇〇フラン削減することです」

シュヴァイツァーに直接会ったことで、ルノーという会社への関心が一気に高まった。私は一八年にわたってサプライヤー業界に身を置き、常に自動車を相手に仕事をしてきた。自動車メーカーに移るということは、言うならば食物連鎖の最高位に上るようなものだ。自動車は明らかにタイヤより興味をそそられる対象だったし、私自身も車が大好きだった。

ルノーに行くことに決めた私は興奮していた。ルノーは取り組みがいのある課題に直面している民営化途上の企業だった。私はルノーに惹かれ、自分はルノーの再建に貢献できると感じた。

「火星人、ルノー副社長に就任」

ルイ・シュヴァイツァーがルノーのナンバー・ツーに私を雇ったのは、異例とも言える英断だった。生粋のフランス人でもなく、政府高官のコネもなかった。フランスの大学を出たレバノン系ブラジル人が、同族会社ミシュランから民営化途上の国有企業へとやってきたのである。直前まで仕事をしていたのはアメリカだった。

とにかく、シュヴァイツァーは二度会っただけで、私を雇うというリスクを引き受けたのである。彼の判断を疑問視する声も多かったに違いない。しかし彼には、私がルノーにふさわしいと考えるに足る十分な見通しがあったのだろう。彼はルノーのナンバー・ツーとして私の名前を発表した時点で大きな賭けに出たのである。

このニュースがメディアに届くと、新聞の見出しは一斉に「火星人カルロス・ゴーン」登場、ルイ・シュヴァイツァーはルノーの再建を火星人に委ねる賭けに出た、と書きたてた。

世界中の自動車メーカーを探しても私のようなケースは見当たらないだろう。たとえば、フォードやゼネラル・モーターズ（GM）が外部の人間を次期CEOと目されるナンバー・ツーの地位に据える、それも二度会っただけで決めてしまう。そんなことはまずあり得ないだろう。

しかし、シュヴァイツァーは前向きに戦略的リスクを引き受けたのである。なぜなら、彼の胸のうちには確固たる戦略があったからである。彼はルノーの成長を願っていた。そして、そのためには国内市場や欧州市場を超越しなければならないと考えていた。そして、そのためには大胆かつ慣習にとらわれない考え方が必要であることを認識していた。彼はこう語った。

「世界はフランス国境をもって果てるのではないことを人々は忘れている」

彼は、ルノーの世界市場進出を成功させるには、国際経験を積んだ実績のある外部の人間をトップに雇い入れなければならないと考えた。会社に新しい考え方を吹き込み、新しいエネルギーを注入するうえで、アウトサイダー、すなわち外部の人間が不可欠だと確信していた。

「同族交配は何としても避けたい。ルノー再生のプロセスを促進してくれる人間が必要だ。だからわが社は外部の人間を招聘した」とシュヴァイツァーは語った。

ルノーに入った私は生粋のフランス人ではない人間としては初めてナンバー・ツーの座に座り、ここでも最年少記録を更新した。

三つの障害

私がルノーに移ったのは一九九六年一〇月だったが、正式に副社長に就任したのは一二月だった。シュヴァイツァーは就任までの二か月間、どこでも好きなところを訪ねるようにと勧めてくれた。近い将来私が副社長に就任するという正式な通知があったためか、どこを訪ねても人々は私が来た目的を知っていた。

二か月のあいだ、私はルノーという会社について、さらには人々が何を考えているかを知るために、工場を訪ね、サプライヤーと話し、欧州の販売拠点を回った。これは問題の核心を把握するとき私が常に取る手段である。

私はかなり異質な人間と思われたようだが、どこでも非常に好意的に受け入れてもらえた。人々は私について知りたがり、仕事上の問題などについて忌憚なく話してくれた。

アウトサイダーとしてルノーを見ると、成長と収益性の向上を妨げている障害が見えてきた。一つ目の障害は、クロス・ファンクショナリティの欠如だった。これが会社をダメにしている原因だった。これは自動車業界全体が抱える大きな問題であると言えるだろう。

この点に初めて気づいたのは、ミシュラン北米でOEM供給の顧客である自動車メーカーに接したときである。そのときはたまたま垣間見ただけだったが、ルノーに移ってから、これがいかに大きな問題であるかを思い知らされた。クロス・ファンクショナリティの欠如が自動車メーカーの大きな弱点のひとつであることにあらためて気づいたのである。その結果、いかに会社が衰退し、資金と可能性が台無しになるかということを初めて切実に感じたのがルノーだった。

二つ目の障害は、リスクにあまりにも臆病で、無難な目標しか設定しない点だった。これはフランス特有の傾向と言えるだろう。ミシュラン北米での多文化体験から、私はフランス人には徹底的に考え抜き、リスクや突発的な事柄を最小限に抑えようとする傾向があることに気づいていた。しかし、必要以上に綿密な計画を立てたり、不慮の事態への恐怖心がすぎると、結果的に抑え目な低いゴールしか設定できなくなる。これでは会社の持つ潜在能力が限界まで発揮されないまま終わってしまう。

この種の保守主義は私のマネジメント理念や経験とは真っ向から対立するものである。会社も社員もみずからを伸ばしていかなければならない。社員はより大胆に、より積極的にビジネスに取り組む必要がある。不可能な目標を掲げるほど先走ってはならないが、経験を蓄積するためには、能力の限界まで自分を引き上げなくてはならないのである。

三つ目の障害は、ルノーの社員の多くに見られた悲観主義、懐疑主義的傾向だった。たしかに私がルノーに入った一九九六年当時の厳しい状況を考えれば、懐疑的になるのも無理はなかった。この先、会社が生き残れるかどうか非常に危うい状況だったからだ。他社が新たな市場に果敢に進出していくなかで、ルノーは相も変わらず欧州市場しか視野に入れていなかった。グローバルな事業展開を目指して提携先を見つけるという道も、後述するアメリカン・モーターズやボルボとのあいだでの失敗もあり、実現にはほど遠いように思えた。とりわけ、この年の業績は著しく低迷していたため、先行きに不安が出てくるのも無理のないことだった。

ルノーは過去、業績向上を目指して多くの優れたアイディアを実行してきたが、意図した成果が現れないこともあった。しかし、私は過去に廃棄されたアイディアでも、その実用性と有効性を評価できるものはあえて採用した。そんなときは必ず次のような反応が返ってきた。「そのアイディアは三年前に試してみましたが、うまくいきませんでした」

この種の反応は、ルノーの人々が、アイディアそのものは重視するものの、それを実行するという部分を軽視していることを物語っていた。彼らはアイディアにほれ込み、延々と議論するくせに、実行のための詳細を十分に検討することもなければ、進捗状況を厳密にモニターするということを怠っていた。

実行こそすべて——これが私の持論である。アイディアは課題克服の五パーセントにすぎない。アイディアの良し悪しは、どのように実行するかによって決まると言っても過言ではない。私は社員に、以前に試して良い成果を得られなかったとしても、それは必ずしもアイディアが悪かったという証拠にはならない、実行方法が不適切だったのかもしれない、と言い聞かせた。

同じアイディアを再度実行する場合、私は全社を納得させなければならなかった。アイディアは信頼できるものであり、もう一度実行するつもりであること、ただし今回は実行に移したあともきちんと追跡し、効果を測定し、期待通りの成果を生むようにするつもりだと説いた。

二つのトラウマ

人間と同じように、どの会社にも固有の経験によって形作られた個性や心理状態がある。一九九六年のルノーは、過去の過ちという重荷に押し潰されそうになっている会社という印象だった。社員の士気に大いに悪影響を与えた要因は二つあった。

ひとつは一九八〇年代に犯した過ちだった。ルノーは一九八〇年にアメリカン・モーターズ（AMC）株の四六パーセントを取得した。AMCは資金難と代わり映えのしない製品ラインに悩むアメリカ企業だった。唯一の希望はジープだったが、ルノーのアメリカ市場参入の目論見はもろくも崩れ去った。

当時のルノーは、必要な投資を行えるだけの体力がなく、この企てはあまりにも無謀だった。レイモン・レヴィは損を覚悟でAMCをクライスラーに売却し、アメリカ市場から撤退する道を選んだ。この撤退はルノーのプライドと自信に大きな打撃を与えた。

二つ目の過ちは一九九〇年代初頭に起きた。一九九二年、シュヴァイツァーはスウェーデンの自動車メーカー、ボルボとの合併交渉を開始した。彼はシェアが先細り傾向のフランス国内市場にルノーが依存していることを懸念し、より大きな市場を目指す戦略を展開した。この合併によって、世界第六位、大型トラック部門では第二位の自動車メーカーが誕生するはずだった。

合併交渉ではルノーが一貫して優位に立っていた。一九九二年、ルノーは一〇億ドルの収益を上げ、かたやボルボは国内の売上げが急落し、国外市場でも低迷していた。自動車市場アナリストたちのあいだでは、合併話が持ち上がった当初から企業カルチャーが違いすぎるとして、合併を危ぶむ声が多かった。フランス企業とスウェーデン企業が一緒になるのはワインとミルクを混ぜるようなものだ、というのが彼らの言い分だった。しかし、そういう彼らに確固たる根拠があるわけではなかった。企業間の提携にこうした論拠のない憶測がつきものなのは、のちのルノー日産提携をめぐる報道を見ても分かるだろう。

ボルボとの合併交渉でいちばんの障害となったのは言語だった。ルノーにもボルボにも相手の言葉が分かる人はほとんどいなかった。会議には折衷案として英語が使われたが、それとても通訳が必要だった。

しかし、両社は互いの相違点に着目するのではなく、互いに補い合う方法を模索し、自分のカルチャーを相手に押しつけようとはしなかった。ルノーは欧州南部、ボルボは北部で力があった。ルノーは小型車を専門とし、ボルボは大型の高級セダンを製造していた。

交渉が難航する気配はなく、すべてが一九九四年一月には合併が実現することを示唆していた。そして合併後に誕生する新しい会社の操縦桿はシュヴァイツァーが握るものと予想された。ところが、残念なことにルノーには民間企業の持つ柔軟性が欠けていた。合併の承認は株主次第、つまりフランス政府次第だった。

シュヴァイツァーは次のように言っている。

「通常、フランス政府がルノーのマネジメントに介入することはなかったが、ボルボとの合併は株主の決定に委ねられた。政府は機敏に動けなかった。あまりにも慎重だった。政府はビジネス以外の懸念、おもに政治的な懸念を抱いていた」

フランス政府が介入したことによって、スウェーデンの国民感情が刺激され、ボルボ経営陣はついには退陣を余儀なくされた。ボルボの新しい経営陣はルノーとの関係に終止符を打った。

以上がことの顛末だが、あの時点ではルノーもボルボも提携に必要な準備が整っていなかったと言えるだろう。ルノーはまだ国有企業だった。ビジネスを行っていたにもかかわらず、フランスの政治家や官僚は企業の成長や収益性を左右する意思決定を下す局面で、市場の現実を無視することが多かった。

ボルボとの合併話が破談になったあと、シュヴァイツァーはこれまで以上にルノーの民営化を推進し、民間企業の原則にのっとった経営を目指すようになった。

しかし、この合併失敗はまたもやルノー経営陣と社員の士気と自信を脅かす一撃となり、人々は先行きに不安を感じるようになった。成長を目指して企てた二つの試みが失敗に終わり、多くの社員がこれ以上の成長は望めないと感じるようになった。以来、新しいアイディアやアプローチが提案されても、懐疑的な目で見るようになってしまったのである。

とはいえ、このときの失敗にはプラス面もあった。のちに聞いた話では、ボルボとの経験は、日産との提携交渉において、ルノーの姿勢や行動を決めるうえで大いに役立ったという。

14 二〇〇億フランのコスト削減

ルノーの誰もが、二〇〇億フランのコスト削減は実現可能だと断言する自信にあふれた人物、本気でそう思っている人物に好奇心をそそられていました。

——クレール・マルタン（前ルノー研究員）

あり得ない数字

私がルノーに移った一九九六年は、先にも述べたが、会社が再び赤字に転落した年でもあった。一〇億ドルの損失を出したルノーは八方塞がりに陥った。ミクロ・マネジメントを徹底したところでこの状況から脱することはできない。道から外れた会社を再び軌道に戻すにはジャンプスタートしかなかった。そして、そのあとも正常に走り続けるには抜本的なオーバーホールが必要だった。

研究、購買、製造、エンジニアリング、製品計画を担当する副社長として、私はコスト削減の責任を持ち、向こう三年間で二〇〇億フラン（約二四億ドル）を削減する計画を作成した。全社員に向かって、これからの三年間、コスト削減は購買、エンジニアリング、製造、一般管理、販売などあらゆる部門で取り組むと説明した。

社員の中には当初この数字を見て、私がゼロをひとつ付け間違えたと思った者もいた。二〇〇億ではなく二〇億に違いないと。しかし、間違いではないことを知ると、みな驚きを隠さなかった。

「カルロス・ゴーンはこの業界について何も知らないんだ。三年で二〇〇億フランなんてあり得ない数字だ」

それでも私の計画を止める人はいなかった。無理だと言う人はたくさんいた。そのうち挫折するだろうと予想する人もいた。しかし、この種の批判や反対意見は最初から折り込み済みだった。前向きで果敢な計画に出合うと、人は懐疑的になる。しかし、私はひるむことなく、コスト削減のためのアイディアを出すよう呼びかけた。計画が実行に移され、少しずつ成果が現れ始めると人々の反応も変わってくる。「絶対にうまくいくはずがない」と言っていた人たちが、「思ったほど無理な計画でもなさそうだ。そこそこの成果は期待できるだろう」と言うようになる。

人は次第に懐疑的な考え方を克服し、支持者へと変わっていく。そして、それがはずみとなって支持者から参加者へと変貌する。結論を言うと、ルノーは二〇〇〇年末に目標の二〇〇億フラン削減を達成したのである。

副社長就任当初、私はコスト削減計画の先頭に立って、厳しい競争にさらされていたルノーを、欧州以外の市場に進出できる贅肉のないリーンな企業、生産性と収益性に優れた企業に作り替えようとした。インタビューに答えて私はこう言った。「わが社の目的はコスト削減それ自体ではなく、競争力を養うことです。ですから、イノベーションのレベルは下げないように細心の注意を払っていきます」

二〇〇億フラン削減計画で実施しようとしたことは基本的に次の五点だった。

1 余剰生産力を削減し、残る工場での生産性を向上させる。
2 コスト削減および新車開発のスピードアップの一環として、プロダクト・エンジニアリング機構を再編する。
3 グローバル市場でサプライヤーと新しい関係を確立し、既存のサプライヤーを三〇〇社から一五〇社に削減する。
4 主要プラットホームの数を五つから三つに削減する。
5 製品イノベーションを促進する。

ビルボールド工場の閉鎖

コスト削減計画の一環として、余剰生産力の削減にも手をつけなければならなかった。私はベルギーのビルボールド工場の閉鎖を提案した。欧州連合（ＥＵ）に誕生した統一市場では、欧州メーカーと非欧州メーカーが合わせて三〇〇万台という余剰生産台数を抱えていた。こうした背景を考えればビルボールド閉鎖は当然の帰結だった。欧州市場での競争は激化の一途を辿っており、一九九九年に日本およびアジア諸国の自動車メーカーに対する関税障壁が引き下げられると、高品質・低価格車の競争にいっそう拍車がかかることになると予想された。

ルノーは以前にもビルボールドの閉鎖を検討したことがあった。しかし、実施に至らなかった。それには次のような理由が考えられた。ひとつは、当時の全体的な状況や条件がそれほど深刻ではなかったこと。二つ目は、工場閉鎖がルノーの問題解決に貢献するという確信がなかったこと。三つ目は、当時のルノーが、会社再建を目指すなら荒療治にも歯を食いしばって耐えなければならないという強いメッセージを社員に送らなかったことである。

このときも最大株主は依然としてフランス政府だった。また、生産削減で直接影響を受ける労働者たちと労働組合が、工場閉鎖を支持するはずもなかった。

しかし、赤字と激化する市場競争に悩まされていたルノーに、いよいよ本気で工場閉鎖に乗り出す時期が訪れたのである。工場閉鎖はこれが初めてではなく、一九八〇年代後半と九〇年代初頭にもフランス工場を二か所、ポルトガル工場を一か所閉鎖した経験があった。とはいえ、ビルボールド工場の閉鎖は、ルノーの歴史に残る重要な分岐点となった。

最終決定を下したのはルイ・シュヴァイツァーだった。一九九七年二月二七日、ルノーはビルボールド工場閉鎖を伝える短い声明を発表した。この声明はＥＵに衝撃を与え、ベルギー国王アルベール二世も、工場閉鎖について事前に労働者にいっさい説明がなかったとルノーを非難した。欧州委員会委員長ジャック・サンテールは欧州労働法違反のかどでルノーを告訴するよう労働者を焚きつけた。フランス政府はシュヴァイツァーの最終決定に対する論評こそ控えたものの、発表の方法に問題があったとして彼を叱責した。

政府内やメディアで繰り広げられた論争は、資本主義と社会主義の闘いに集約され、ルノーは自社利益の追求に終始し、労働者の言い分を無視していると非難された。労働組合は三五〇〇名の解雇に反対するストライキを打ち、パリの街頭をデモ行進した。

非難の矢面に立ったのは経営の最高責任を担うシュヴァイツァーだった。彼は決断を下した時点で、工場閉鎖と労働力削減が人々の怒りを買うことを十分予想していた。彼には民間企業のCEOである以上、効率向上と収益性確保を前提とした決断を強いられることが分かっていた。ルノーはもはや社会主義的実験を行う国有企業ではなかった。

彼の決断は、ルノーのフランス政府からの独立を表明したものである。彼はかねてから、フランス政府はあくまでも株主であり、経営者ではないと主張してきた。ルノーは民間企業の経営規範にのっとって運営されなければならない。競争力の維持は会社の責任であるという確固たる信念が彼にはあった。そして、三か月間にわたって、工場閉鎖の決断を覆そうとする政治家や労働組合のリーダーたちの批判に耐え続けた。

こうしてルノーは社員に対して、会社は工場閉鎖などの痛みを伴う手段で財政危機を乗り越えようとしているという強力なメッセージを送ったのだった。この種の劇的な事柄は、往々にして社員に対する強いメッセージとなる。かつての国有企業ルノーが、工場閉鎖によって経営のイニシアティブを完全に手中に収めたことを示したのである。工場閉鎖は社員に結束力をもたらし、社員たちは危機を乗り越えるために耐え忍ぶことを学んだ。ルノーに対する風当たりは依然として強く、抗議や罵倒の標的になった。だが、最終的にルノーは危機を乗り越え、より強い、結束力のある企業へと成長したのである。

会社にクロス・ファンクショナリティを

ベルギーのビルボールド工場を閉鎖したあと、残りの工場に対しても生産性の改善を目的とする一連の措置を実行した。ルノーには生産能力の利用率と生産性という二つの問題があったが、この二つを改善する余地は十分あったため、生産体制の調整と簡素化によってかなりの成果を収めることができた。のちに日産に移ってから、私はこの点がルノーと日産の大きな違いだと気づいた。すでに生産性が世界最高水準に達していた日産では、その面で改善の余地はなかった。

こうした改善とコスト削減は、人々が個々の問題に部門の壁を超えて取り組んだことで可能になった。エンジニアリング部門の社員は購買やその他の部門の社員たちと協力して、生産コストを削減する方法を検討し、同時にデザイン、品質、業績の改善を目指した。

当初、会社のあらゆるレベルにクロス・ファンクショナリティを導入することは画期的な挑戦だった。副社長の私は、一般管理部門や財務、販売は守備範囲外だったため、クロス・ファンクショナリティの重要性について、他部門の社員を説得しなければならなかった。当然のことながら、各部門や各部署の責任者のなかには自分の領域を侵されることを懸念する人もいた。このように、チームの一員にすぎない立場でクロス・ファンクショナリティを提唱することは難しい。陣頭指揮をとるのはやはりトップが適任だろう。トップの指示なら誰も自分の領域を侵されるとは思わないからである。

シュヴァイツァーはクロス・ファンクショナリティというコンセプトと二〇〇億フランのコスト削減計画を支持してくれた。時には懸念を表明したり、疑問点を問いただしたりしたが、この二つを実行に移す決断は彼が下した。「とにかく、やってみよう。これまでと違う方法で取り組まなければならないことは、はっきりしているのだから」

彼はリスクを恐れなかった。過去にさまざまな試みに失敗してきたにもかかわらず、新しいことに挑戦した。リスクを取るということは、しばしば昔ながらの快適な仕事のやり方を捨て去ることを意味するが、会社を経営するという仕事には必ずついて回る決断だ。その際、トップは社内に漂う懐疑的な見方にも打ち勝たなければならない。CEOたる者、自分の決断は予期した通りの結果をもたらすという強い信念を持つべきである。

ビジネスはビジネスの原則で

ビルボールド工場の閉鎖は新聞紙上をにぎわせ、ルノーとサプライヤーのパートナーシップにも大きな影響を及ぼした。日産と同様、ルノーの部品調達コストは総コストの六〇パーセント近くを占めていた。ルノーとサプライヤーの関係は固定化され、言わば馴れ合い状態だった。両者が品質改善とコスト削減のために協力した、などという例はまず見当たらなかった。

二〇〇億フランのコスト削減計画を作成した際、私は調達コストを二〇パーセント削減する方法を考えた。そのためには供給ベースに大幅な変革が必要だった。

サプライヤーとの関係では、不要な重複を避けなければならない。サプライヤーが効率的かつ効果的にこなせる仕事はルノー側ですべきではない。これが私が設けたガイドラインだった。サプライヤーに対して、ただ「早く、安くやってくれ」と頼むのではなく、「わが社はこの問題を克服したいと思っている。一緒に問題解決のための仕様を決め、手順を確立したいから協力してほしい。それができたら、いちばん良い方法で実施してもらいたい。そのための援助ならわが社は惜しまない」と頼むべきだ。私はこのような形で話を持っていけば、サプライヤーに革新的な提案を期待することも、他のメーカーで実証済みの解決策を低価格で提供してもらうこともできるはずだと考えた。

要するに、私がやろうとしたことは、長年の出入りや友好関係に基づく取引ではなく、両者がともに利益を重視するという、ビジネス原則に基づく関係への移行だった。

その効果は結果が証明している。生産性、売上げなど、さまざまな分野で改善が見られ、ルノーは一九九七年度には早くも黒字化に成功した。業績向上は、全社挙げての努力と決意が報われたことを意味していた。そして、正しい方向にさらなる一歩を踏み出す意欲を会社に与えてくれたのである。

こうしてルノーは国内市場に確固たる基盤を確立し、いよいよ海外市場へ進出する準備が整った。成長せずに会社の勢いを維持することはできない。成長こそ社員のモチベーションを高め、進んで変化を求めさせる最も重要な要素である。何らかの高次の目的に役立つのでなければ、社員はコスト削減などに関心を持たないだろう。

ルノーにとって、一九九七年は競争力の再建に奮闘した年だった。私たちは工場を閉鎖し、改革やリストラのためのさまざまな措置を実施し、コストを削減し、売れ筋製品の販売を継続させた。一九九七年と一九九八年の前半を使って、ルノーはスランプを脱した。魅力的な製品を手頃な価格で提供したことによって、思いのほか早い時期にルノーは立ち直った。ルノーの人々は成長を強く願ってこのように言った。

「世界市場で闘えるプレーヤーになるチャンスをつかもう」

15 ―パートナー探し

ダイムラー・クライスラーが日産との提携交渉から降りたというニュースを聞いて、おじけづいた人たちもいました。なぜ手をひいたのか？　日産の実際の債務と経営状態は公表された数字より深刻なのではないか？　彼らはこんなふうに感じたに違いありません。

――イヴ・デュブレイ（ルノー、プログラム・デレクター）

ダイムラー・クライスラー誕生の衝撃

競争力再建に奮闘した一九九七年、ルノーの欧州市場での売上高は総売上高の八五パーセントを占め、欧州市場の三二・八パーセントはフランスの国内市場が占めていた。ルノーは明らかに他の市場への参入を考えなければならない時期に来ていた。一九九八年、ルノーは二〇〇三年に世界市場の四パーセント、二〇一〇年には五パーセントのシェアを獲得すると発表した。

ルイ・シュヴァイツァーは一九九八年六月、オランダのハーグで開催されたオートモーティブ・ニュース欧州会議のスピーチで次のように語った。

「ルノーは従来と異なる新しい市場と需要を目指し、そこで確固たる存在となるための戦略をとっています。わが社は欧州以外では、まだ十分に国際的な知名度があるとは言えませんから」

ルノーはすでに東欧、南米、ロシアにその市場を拡大していた。しかし、シュヴァイツァーはこう続けた。「より国際的な進出をということになれば、やはりアジアでしょう。ただし、アジアについて言えばまだ様子を窺っている段階で具体化はしていません」

ルノーが具体的にアジア市場を考えるようになったのは、一九九八年後半のことだった。アジアに強い関心を抱くに至ったきっかけは、ダイムラー・ベンツとクライスラーの合併だった。両社は一九九八年五月に合併を発表した。この統合によって突如、自動車業界に新たな要因がもたらされ、ビジネスのやり方にさらなる変革が起こると誰もが感じた。

私はあるインタビューに応えて次のように話した。

「ダイムラー・ベンツとクライスラーの合併が発表されたことで、すべての自動車メーカーのエグゼクティブたちに、『今後、わが社はあんな巨大企業とどう闘えばいいのか』という大きな宿題が突き付けられました。ルノーの場合はもっと単純で、『いかにして生き残るか』、それだけでした。そして、最良の形でルノーを補完してくれるどこかの企業と手を結ばなければ活路はない、という答えを出したのです」

ダイムラー・クライスラーの合併はルノーの将来計画やオペレーションを転換するきっかけとなった。シュヴァイツァーのリーダーシップの下で、経営計画作成グループはルノーに可能な選択肢の検討に着手した。彼らは「どこかと提携しなくてはならないなら、どことするべきか」という問いを掲げ、さまざまな可能性を模索した。

生き残りのためのパートナー探し

ボルボについては賛否両論だった。BMWはどうか？　フランス企業は問題外だった。では韓国企業の可能性は？　日本企業ならどこだろう？　日産か、三菱か？　どこならベスト・パートナーになるか？　ヨーロッパやアメリカの企業の可能性は？

他社とアライアンスを組むとき、先方にわが身を差し出そうとしてはいけない。「どこに買ってもらおうか」などと考えるのはもってのほかだ。ルノーはみずからを弱小企業とは考えていなかった。逆に、「どの会社を買い取ろうか」とも考えなかった。だから、「将来的な競争力を確保するためのパートナーシップを結ぶとすれば、どこと組むのが理に適っているか」と考えた。他社との提携を考えた当初から一貫して「公平で永続性のある提携関係が可能な会社はどこか」というスタンスで取り組んでいた。

当然のことながら、さまざまな議論が交わされた。フランス人は議論好きで、何時間でも何日でも議論し続ける。私は経営委員会レベルでの議論に参加したが、シュヴァイツァーを交えた経営計画レベルでの議論も盛んに行われていた。提携先候補に内密に探りを入れる動きもあちこちで見られた。

やがて、考えられるパートナー・リストから一社また一社と姿を消し、その数は少しずつ絞られていった。フォードやゼネラル・モーターズ（GM）との提携は明らかに無謀だった。相手があまりにも巨大すぎたからだ。

また、ルノーはすでに欧州を地盤とした企業、それも過度に欧州に依存した企業だったため、他の欧州企業との提携も望んでいなかった。フランス国内のライバル、プジョー・シトロエンとの提携については何度も論争が繰り広げられたが、よりによってフランス企業と提携する必要もないだろうということで却下された。ボルボという案も再浮上したが、これも「過去の話」ということで打ち切られた。残るはフィアットか？　しかし、フィアットはルノーを補完するタイプの企業ではなかった。

ではどうするか。ルノーの提携先探しはここでいったん暗礁に乗り上げたが、この時点からすべての自動車メーカーを潜在的提携相手として検討する新たな段階に入ったのである。

ただひとり日産を推す

実は、提携先に関する議論が始まった当初から、私の頭の中には、ルノーが望み、必要とする特性をすべて備えた企業が一社だけ浮かんでいた。私はこう言った。

「すべての条件を備えた企業が一社だけあります。それは日産です。三菱も韓国企業も、他の企業も頭から追い出してください。日産しかありません」

おそらく私は、ルノーで日産一社を唱えた最初の人間だったと思う。一九九八年七月の取締役会議で私はこう呼びかけた。「みなさん、私たちは日本語を習い始めなければならないかもしれません。日本語の先生を何人か雇うべきです」。出席者はみな笑ってこう言った。「カルロス、何を言い出すんだ。いくらなんでも気が早すぎるぞ」

私が日産を推したのにはさまざまな理由があった。まず、日産がすでにグローバル企業であったこと、そして、ミシュランでアメリカにいたときに日産のさまざまな車種を運転する機会があったことだ。

私は日産の車が好きだったし、日産は高度な技術を持つ会社だと思っていた。アメリカでシーマを運転したとき、日産の技術に対する私の評価は間違っていないと確信した。テスト・ドライブを行ったのは初期のシーマで、日本から運ばれた関係で右ハンドルだったが、パフォーマンスは非常に正確だった。また、300ZX（フェアレディZ）も好きで何度も運転した。

日産の車を運転していて、この会社はシーマのようなハイパフォーマンス・カーも、300ZXのようなセクシーな車も、セントラ（サニー）のような非常に優れたエントリーレベルの車も作れる会社だという印象を受けた。

日産はアメリカでも知られており、アジアでは強い勢力を保っていた。欧州市場でもかなり名が通っていた。そして、日産に関する情報を集めてみると、経営上の問題を抱えていることが分かり、私たちはルノーが日産に貢献できるとしたら経営面だろうと考えた。私は当初から、提携先を見つけるつもりなら提携に値する相手でなければならないと主張していた。そして、提携に唯一値する企業が日産だったのである。

二度とないチャンス

当時、各大手自動車メーカーは、投資先として日産はあまりにもリスクが大きいと考えていた。フォードのジャック・ナッサーは「苦労して稼いだ資金を、どこぞの誰かが苦労して作った借金の返済に充てるつもりなどさらさらない」と言い、クライスラーのボブ・ルッツも「日産に資金を注ぎ込むのは、五〇億ドルをコンテナに詰め、日産と書いたラベルを貼って海に投げ捨てるようなものだ」と一笑に付した。

どんな形にしろ日産との提携に二の足を踏んだ彼らを単純に非難することはできない。一九九〇年代の日産の財務状況を一瞥すれば、誰でも慎重にならざるを得ないだろう。少なくとも提携を真剣に検討する気にはなれないはずだ。

ルノーにとっても日産への投資はとてつもないギャンブルだった。しかし、小さき者はスターを夢見る。石橋を叩いて渡る余裕などない。大きなリスクを引き受けなければならないのである。誰もが道は険しいと思っていた。ルノーはシュヴァイツァーが言ったように「あり金すべてを注ぎ込んだ」のである。一家の主《あるじ》がチャンス到来と見るや、つましい老後の蓄えと家屋敷を根こそぎ注ぎ込むようなものだった。

私個人としては、提携に向けて動き出すことにほとんど不安は感じていなかった。「まさに千載一遇のチャンスです。どんな困難が待ち受けていようと、こんな機会はルノー史上二度と訪れないでしょう。困難やリスクがどれだけあろうとかまいません。ルノーは日産と提携すべきです。成功する確率がたとえ二〇パーセントだとしてもやってみるべきです」

論理的に考えれば、ルノーと日産の相性がいいことは明らかだった。日産について熟知していたわけではなかったが、私はこう考えていた。「ともに過去に困難や低迷を味わい、世界のトップ企業と言われるにはまだ力不足のこの二社の相性は、強大なトップ企業と提携することに比べたら遥かに理に適っている」と。私の印象では、ルノーと日産は同じような問題を抱えた二社の完璧な組み合わせだった。日産側にも「ルノーも私たちと同じ道を辿り、業績の低迷やコスト削減や再建を体験してきた」と言う人が多かった。

不安や懸念がないわけではなかったが、ルノーの大勢は、日産との提携を、ルノーが欧州限定メーカーからグローバル企業へと生まれ変わる絶好の機会だと考えるようになっていった。

日産との提携交渉

提携交渉の責任者ルイ・シュヴァイツァーと日産社長の塙義一は、どのような形でアライアンスを結ぶかを秘密裡に話し合った。ルノー側の実務レベルの担当者は、製品・戦略計画・海外市場担当副社長、ジョルジュ・ドゥアン、日産側の担当者は鈴木裕取締役（当時）で、この二人がアライアンスの目的や組織構造、アライアンスをめぐる無数の複雑な手順について話し合った。

この提携交渉で私自身はそれほど大きな役割を果たしていないが、交渉が行き詰まったとき、局面を打開するため、三回ほど日本に行ってくれないかと頼まれた。

一回目は、一九九八年一一月、二〇〇億フランのコスト削減を達成するために私たちがしたことを日本で説明してほしいと言われたときだ。日産側は、ルノーがどんな形の援助やサポートをもたらしてくれるのかを知りたがっていた。六四三〇億円（五四億ドル）の資本注入のほかにルノーからどんな援助を期待できるのか、日産がその答えを聞きたがるのは当然だった。

私は日本に飛び、私たちがしてきたこと、つまり二〇〇億フランのコスト削減を達成するためのプロセスについて説明した。購買、製造、エンジニアリングなどが抱える問題にルノーがクロス・ファンクショナル・アプローチで取り組んだことを説明し、どんな成果が現れたか、その成果をどう評価しているかを語った。日産側は私の話に大いに関心を示してくれた。

この場には日産の経営会議メンバーが顔を見せていた。彼らは私のプレゼンテーションに非常に興味を持ち、会議は延々三時間に及んだ。のちに聞いた話では、彼らは副社長みずから熱心にプレゼンテーションを行ったことに強い印象を受けたという。日本では伝統的に副社長が長々と熱弁を振るうことはない。話すとしても、時折口をはさんで言葉少なに意見を言う程度だ。会社のナンバー・ツーが上着を脱ぎ、ワイシャツの袖をたくし上げて、自分で作った図表を指しながら説明するという光景は珍しかったようだ。

三時間のあいだ、私の頭の中は伝えたい事実と数字でいっぱいだった。そんな様子がある種の感銘を与えたのかもしれない。この会議で日産の人々の中に何かが誘発され、ルノーの提案にはどこか説得力があると感じさせたのではないかと思う。

私の帰国後も提携交渉は続き、この間に次なる障害が現れた。ルノー側は当初、法的側面にこだわり、提携の条件や手続き、両社の責任などを詳細に列挙したがった。それによってアライアンスを維持し拡大するための指針としたかったのである。一方、日産側は基本的に法的側面にはさほど関心を示さず、より実際的な作業を進めたいと望んでいた。

そこで私は、互いの意見の相違を調整する提案をした。「会社間のクロス・ファンクショナリティを確立すれば簡単に解決できる問題です。さっそく、クロス・カンパニー・チーム（CCT）を組織しましょう」

日産側はこのコンセプトに関心を示し、二回目の会議を開くので私に日本に来てほしいと要請してきた。会議の席で私はクロス・ファンクショナリティやCCTという言葉の意味を説明し、CCTはルノーにおけるクロス・ファンクショナル・チーム（CFT）に相当すると話した。日産側はこのコンセプトについてそれほど予備知識はなかったが、馴染みの薄い法律用語よりも「クロス・カンパニー・チーム」に遥かに乗り気だった。この会議は膠着状態を生み出していた大きな障害を取り除いたという意味で重要なものだった。

その後、だいぶたってから三回目の会議が開かれた。これは両社がシナジーを生める分野はどこかを分析するための会議で、私も出席し、いかにしてシナジーを作っていくかを議論した。この会議は両社の信頼関係を確立するうえで重要な役割を果たした。

新しい自動車メーカー・グループの誕生

ルノーとのあいだでこうした交渉を続ける一方で、日産は並行してダイムラー・クライスラーとも本格的な交渉を行い、フォードにも打診していた。ルノー側は過度な期待を抱かないように努めながら、成り行きを見守るしかなかった。過去の失敗の記憶がまだ生々しく残っていたルノーは高望みすることを自制したのである。

日産の交渉相手として名前の挙がった企業は、いずれもルノーより遥かに豊富な資金を持っていた。彼らにとって日産との提携は、もうひとつアライアンスなり合併なりを追加することでしかなく、そのために投資する余裕もあった。たとえ失敗したところで損失を吸収することもできるだろう。

しかし、資金の限られたルノーの場合は、日産とのアライアンスで大きなチャンスをつかもうと目論んでいたのである。提携に失敗すれば、いずれ欧州市場で行き詰まることは明らかだった。日産ほどルノーの市場拡大に多様な機会を提供してくれる相手はいなかった。ダイムラー・クライスラーなら日産との提携などあまたある機会のひとつにすぎないかもしれないが、ルノーにとっては事実上、唯一無二の機会だったのである。

日産の提携相手として、自動車業界やマスコミでは、ルノーよりもダイムラー・クライスラーに分があるとの見方が優勢だった。しかし、一九九九年三月一一日、ダイムラー・クライスラーは正式に交渉の場から撤退し、その旨を記したそっけないほど簡単な声明文を発表した。これによってルノーに日産との提携契約を締結するチャンスが訪れた。

そして同年三月二七日、日産社長の塙義一とルイ・シュヴァイツァーはルノー日産グローバル・アライアンスの合意文書に調印した。ルノーは契約に従って日産自動車に六四三〇億円（五四億ドル）の資本投資を行い、見返りとして日産株の三六・八パーセントを保有することになった。この契約には、ルノーがいずれ出資比率を四四・四パーセントまで増やすことができるとする条項が含まれていた。

塙日産社長はシュヴァイツァーとの共同記者会見で次のように語った。

「本日調印いたしましたルノーとのグローバル提携は、両社に強力なシナジー、相互作用をもたらすことでしょう。こうしたシナジーには当社が得意とするエンジニアリング、高度な技術開発力、高品質、フレキシブルな生産システムといった分野も含まれています」

声明の中で、シュヴァイツァーと塙社長は、ルノーと日産が提携することによって世界最大規模の自動車メーカー・グループがひとつ誕生したと語った。

アライアンスを実現させた状況と人物

アライアンスをめぐる交渉で議論されるのは、血の通わない観念論ではない。生身の現実であり、そこにかかわる人々の思いである。状況が整い、関係する人々の思惑や個性がかみあって、初めて契約が具現化する。

状況や人々のうち、どれかひとつでも、誰かひとりでも欠ければ交渉は合意に至ることはない。その観点から、一部すでに述べたことの繰り返しになるが、ルノー日産グローバル・アライアンスをめぐる状況と人々について見てみよう。

ルノー

ルノーにとって日産とのアライアンスは長期的なポジショニング戦略の一環だった。ルノーは長期的な生き残りのためには、他の大企業と何らかの形でアライアンスを組む必要があると認識していた。

小さな企業が大企業と競争しようとするなら、常に最高の状態を保ち、新たな課題や市場の変化に遅れを取ってはならない。しかし困ったことに、会社というものは、大きくても小さくても、常に一〇〇パーセントの力を発揮し続けることはできない。そんなとき、大きな会社なら仕方がないですむだろうが、小さな会社ではそうはいかない。

ルノーでは誰もがアライアンスの必然性を痛感していた。しかし、ダイムラー・クライスラーが日産との交渉を打ち切ったとき、日産とのアライアンスについて再考の余地ありと考える人がいたことも事実である。

最終的にルノーは日産との提携を決断した。もちろんリスクは承知のうえだった。リスクはあったがそれを遥かに上回るチャンスがあると踏んだのである。

日産

ここで、日産が提携相手としてルノーを選ぶに至ったインサイド・ストーリーを披露することはできない。なぜなら、当時私は日産の内部にはいなかったからである。しかし、日産が置かれていた状況に鑑みて、以下のような見解を述べることはできる。

十分な資金力を持つ自動車メーカーが日産の債務を肩代わりしない限り、日産は崖っぷちに追い詰められる。これは自動車業界では周知の事実だった。

一九九八年一一月、信用格付け会社のムーディーズとスタンダード&プアーズは、日産の巨額の債務と深まる日本の景気後退を理由に、日産の信用格付けの引き下げの検討に入った。そして翌年二月、日産が向こう数か月のあいだに他の自動車メーカーから資本援助を受けることができなければ、日産の格付けを投資適格以下に引き下げると警告した。両社は実際に日産の投資適格格付けを「ジャンク」レベル（BB格付け以下の低格付け債権）に引き下げるつもりだった。

日産の資金繰りがさらに悪化したため、ムーディーズは九〇日後に再び日産の信用度を検討するとの声明を発表した。もはや日産にはルノー以外の自動車メーカーと交渉する時間的余裕はなかった。提携に失敗すれば倒産という屈辱的な事態が待ち受けていた。

日産がルノーとの提携に踏み切ったのは、これ以外の選択肢が残っていなかったためである。沈没を免れるにはあれこれ考えている暇はなかった。日産は溺れかけていた。「誰か助けて」と助けを求めたそのとき、唯一手を差し伸べたのがルノーだった。

ルイ・シュヴァイツァー

シュヴァイツァーはルノーに転身したころから、このまま欧州市場にターゲットを絞っていては生き残れないと考えていた。彼は早い時期から、海外市場への進出を睨んだ他社との提携を模索していた。日産との提携の可能性が具体化した時点で、彼は本格的な交渉に入る決断を下し、塙社長と話し合いを持った。

ダイムラー・クライスラーとの交渉が決裂し、絶望の淵に追い込まれた日産に対して、ルノーは自社により有利な条件で交渉を再開することもできたはずである。しかし、シュヴァイツァーの対応は賢明だった。彼はこう言った。

「既存の合意文書を一言一句たりとも変えるつもりはない。契約は長期的な信頼関係に基づくものだ。条件を変更すれば、日産はルノーが弱みに付け込んだと思うだろう。この種の不信感はいつまでも尾を引くものだ」

塙義一

塙義一は日産の衰退に深い責任を感じていた。社長在任期間中、彼は再建プログラムを推進し、優先順位を組み直そうと努力した。彼は会社を救うには従来とはまったく異なるアプローチが必要だと考え、会社再建のために退陣も辞さぬ覚悟であらゆる策を講じてきた。マスコミが報じたコメントでも分かる通り、新鮮な考え方を会社に吹き込むには外部からの刺激が必要だということを彼は認識していたのである。

「日産が国際競争で生き残るには、海外の自動車メーカーの最も優れた長所を完全に統合し、当社の必要とするグローバリゼーションを達成しなければなりませんでした。私は昔からずっとそう考えていました」

一九九八年後半から九九年初頭にかけて、彼は日産を救う力のある自動車メーカーと交渉するために日々奔走していた。実質的に交渉は弱者の立場から行われたが、彼は次の三つの点だけは譲らなかった。①日産の企業名は変えないこと。②CEOは日産側が選出すること。③会社再建は日産主導で行うこと。

ルノーと日産が、打診のために初めて互いに特使を送ったときから、塙はシュヴァイツァーと良好な関係を保ってきた。「シュヴァイツァーさんは信頼できる人物です」と彼は言った。シュヴァイツァーは塙の挙げた三点を無条件で受け入れ、これらの条件はそのままルノー日産提携合意文書に組み込まれた。

塙は持ち前の前向きな姿勢とオープンな発想で、ルノー日産グローバル・アライアンスの成立に尽力した。私をCOO（最高執行責任者）に推したのも彼だった。そして、契約調印が終了したら、日産のオペレーションから身を引かなくてはならないと冷静に認識していた。しかし、彼はいまでも私に貴重なアドバイスを与え、励ましてくれる。彼は非常に人当たりのよい穏やかな人だが、難しい条件で各社との交渉を重ねた彼の勇気と不屈の精神には尊敬の念を禁じ得ない。

合意文書の調印は彼にとって救いだったのではないだろうか。彼はアライアンス成立のための努力が報われたと感じたに違いない。現在、日産は復活の途上にある。一九九九年三月以前の塙は疲労困憊しているように見えたと言う人が多いが、提携調印後の彼は元気で自信にあふれ、肩の荷が下りてほっとしているように見える。

16

――日本へ行く決意

誰が日産に行くか

ルノーに日産との提携のチャンスがあることが明らかになった時点で、議論は新たな段階に入った。ルノー日産グローバル・アライアンスが成立した場合、ルノーはマネジメント・チームとして誰を送るか、何人の人材を送り込むか、ということを議論する段階に入ったのである。

提携合意文書の中で、塙は日産の社長に留任し、ルノーから送り込む人物をCOOに据えることになっていた。その人物は日産に合流し、再生プロセスの全体を率いることになる。政府関係者との交渉といった対外的な仕事は塙社長が担当し、ＣＯＯは社内業務やオペレーションに専念する。

シュヴァイツァーの頭の中では誰を送り込むかは決まっていた。三月初頭のある日、彼は私にこう言った。

「もう分かっているとは思うが、この話が進めばＣＯＯを務められるのは君しかいない」

あとで聞いた話だが、塙も私をよこすようシュヴァイツァーに頼んだのだそうだ。彼も他の役員も、私が参加した三回の会議で、私という人間を判断することができたのかもしれない。塙が役員会で、ＣＯＯにふさわしい人物は誰かとたずねたら、「カルロス・ゴーン」という答えが返ってきたと聞かされた。

提携交渉の初期からその経緯をサポーターとして見守ってきた私は、アライアンスを成功へと導く仕事を引き受ける心積もりはできていた。

だから、シュヴァイツァーに君が行ってくれないかと請われたとき、意向は分かったと答え、こう付け加えた。「その前に妻と話し合い、彼女にこの状況をよく理解してもらわなければなりません」

リタの理想の家

話は遡るが、私のルノー入りで家族がサウスカロライナ州からフランスへ引っ越したのは一九九六年一二月のことだった。私にも妻や子どもたちにも、引っ越しの記憶はまだ新しいものだった。私はルノーに合流するために一足先にフランスに移り、リタは子どもたちを連れて一二月にパリに越してきた。

いつの日か再びグリーンビルに戻れるように、私は家族が暮らしていた家をそのままにしておくと約束した。そして、少しでも気持ちの整理がつくように、フランスへはまず私が一人で戻り、彼女は子どもたちと一緒にあとから来たらどうかと提案した。まず私がパリで住むところを見つけ、それから家族を呼び寄せようという計画だった。

ところがルノー行きが一〇月と決まったことで、この計画は実現できなくなった。それでなくてもサウスカロライナを離れることでいちばん大きな犠牲を払う妻に、引っ越しにまつわる責任まで事実上すべて妻に押しつけることになってしまった。

その冬、ヨーロッパはまれに見る寒波に襲われ、気温は零下一五度まで冷え込んだ。温暖な土地から厳寒の地への引っ越しは快適とはほど遠いものだ。寒い冬は、リタと子どもたちの沈んだ気分に追い討ちをかけた。リタは大好きなグリーンビルでの暮らしに、子どもたちは何年も通った学校とたくさんの友達に別れを告げたばかりだった。

翌一九九七年の四月まで、パリで過ごした最初の数か月は、私にとっても、家族にとっても厳しいものだった。私は二〇〇億フランのコスト削減計画のまっただなかで、社内には懐疑的な雰囲気が漂い、工場閉鎖の時期も重なっていた。私は仕事で手一杯の状態だった。

小さな町から大都市へ移り住んだリタや子どもは、慣れない暮らしに悪戦苦闘していた。ニューヨークからパリへというのならそれほど違和感はないだろうが、グリーンビルでは温かく親切な人々に囲まれ、子どもたちはのんびりとした暮らしのなかで伸び伸びと育ってきた。ところがパリに移ってみると、そこは互いに無関心で、お世辞にも礼儀正しいとは言えない人々が暮らす巨大な都市だった。暮らしのペースは速く、やたらと騒々しかった。

パリに引っ越した当初、私たち一家は借家暮らしだった。リタは自分たちの家を買おうと物件を探し始めた。彼女は見てきた家の間取りや状態などを逐一報告してくれた。しかし、どれひとつとっても、どこかしら気に入らないところがあり、心底ほれ込むような家には巡り合えなかった。

一九九七年五月のそんなある日、リタは興奮を隠し切れない様子で会社に電話してきた。

「とうとう見つけたわ」

「すごいじゃないか」

私も興奮した声で答えた。リタは、その家がパリ郊外にある一六世紀に建てられた大きな家で、部屋もたくさんあること、古いけれど基礎は頑丈で、内装を手直しするだけですむことなどを細かく説明してくれた。

「でもちょっと厄介な問題があるの」

「厄介な問題？」

私はきっと予算オーバーに違いないと思って聞き返した。

「その家はある会社が所有していて、売りに出ていないのよ」

彼女の言葉を聞いて、頭がこんがらがってしまった。売りに出ていない家だって？　それなら買うも買わないもないだろう。私はその家のことは忘れて別の物件を探すように言い聞かせた。

ところがリタはその家が忘れられなかったらしい。万が一手に入れることができたらこうしたい、ああしたいと、四六時中その家の話をしていた。そして、何度も家を見に出かけた。他の物件探しも続けていたが、結局彼女がほれ込んだその家に匹敵するような物件は出てこなかった。

そんなときに奇跡が起きた。それから一年後のある日、リタはまた会社に電話してきた。そして興奮で震える声でたずねた。

「何の用か分かる？」

「どうしたんだい？」

私は話の先を聞きたくてうずうずした。

「あの家が手に入るの。売りに出たのよ！　私たちで手に入れましょうよ」

まるで、頭金を用意した大勢の買い手が不動産屋に押しかけているかのような口ぶりだった。

後日、彼女に連れられて家を見に行った。私も気に入り、さっそく購入したいと伝えると先方も承諾してくれた。

「改装は私に任せてね！」

彼女は興奮した面持ちで宣言した。

私は心の中で、彼女にとっても私にとってもよかったと安堵していた。仕事で消耗しているときに、元気のない妻が待つ家に帰るということだけは勘弁してほしかった。彼女が大きな犠牲を払ってパリに移ってきたことも、グリーンビルに戻りたいと願っていることも、私にはよく分かっていた。だから、家が見つかって、ようやく彼女は創造的なエネルギーを注ぎ込める対象を見つけることができたのである。

それから半年かけて、彼女は何もかもひとりでやり遂げた。ペンキ屋、石屋、大工と連絡をとり、すべての部屋の内装を指示し、カーテンやカーペットを選び、進行状況を逐一報告してくれた。何もかも彼女好みのやり方で家全体を誂え直した。

日本への引っ越し

こうして一九九九年一月、私たちはようやく自分たちの家に引っ越した。家は立派で、子どもたちも気に入っていた。新しいわが家へ引っ越し、私たちはとても幸せだった。

しかし、頭の片隅では、また引っ越しの可能性があることも分かっていた。日産との交渉が進んでいたからだ。妻にも提携交渉について話していたが、ダイムラー・クライスラーのほうが遥かに有力そうだと言ってあった。

二月末まで私たちは新しいわが家での暮らしを楽しんだ。そして、一九九九年三月一一日、ダイムラー・クライスラーが日産との提携交渉から降りたというニュースが飛び込んできた。

私は妻に電話でこう告げた。「今夜、どこかで夕食でも食べながらちょっと話をしたいんだが。ダイムラー・クライスラーが交渉から手を引いたんだ」。「どういうこと?」と彼女はたずねた。

「つまり、競争相手がいなくなった。残るはうちの会社だけというわけだ。ということは君や私や子どもたちにも影響してくるということだ」

このニュースを聞いて妻はがっかりした。日産に行くことになるかもしれないと言うと、彼女はつらそうに言った。

「でも、引っ越したばかりなのよ」

私に言葉はなかった。彼女の気持ちはよく分かった。一年半かけてようやく満足できる家を探し、みずから陣頭指揮をとった改装が終わり、これからというところでまたもや引っ越しの話が持ち上がったのだ。

一方で、ダイムラー・クライスラーが撤退したあと、シュヴァイツァーからはこう言われていた。

「提携交渉に成功したら、君に力を発揮してもらわなければならない。君がどうしても行けないというならこの提携はなかったことにするつもりだ」

私は仕事と妻の板ばさみで途方に暮れた。

リタは引っ越しの現実を忘れようとするかのように、家の手入れに没頭したりもしたが、やがて、私の置かれた状況を理解し、思いを日本での暮らしに向け始めた。

「日本の学校ってどうなのかしら？　住まいは？　日本の家って狭いと聞いたけど」

彼女はルノーにとってこの提携がいかに重要か、日本に行くことが私にとってどれほど重要かを分かってくれた。彼女は私に道を譲り、日本行きを承諾した。

IV部

日産

17 ― 燃えるプラットホーム

日産の社員には危機意識がありませんでした。日産ほどの大会社が倒産するはずはない、どのみち政府や銀行が助けてくれるだろうとたかをくくっていました。しかし、一九九七年一一月に山一證券が倒産すると、日産も銀行からの借金にこれ以上頼るわけにはいかなくなるということが分かってきました。――小枝至（日産取締役副社長）

デジャ・ヴ

一九九九年三月、私は正式にルノーを離れ、日産に初めて設けられたCOO（最高執行責任者）のポストに就くための準備を開始した。そして六月、私は倒産の憂き目にあえぐ日本のマルチカルチャー企業のCOOに就任した。

日産COOに正式に就任したときの不思議な気持ちは、どう表現したらいいか分からない。デジャ・ヴ？　シンクロニシティ？　それともイマジネーションのいたずらだったのだろうか。とにかく、自分のオフィスに腰をおろしたあの日、なぜか私は「ここには前にも来たことがある」という思いにとらわれたのである。

「ここ」というのは「場所」ではなく「状況」だった。収益性の欠如、過度のマーケットシェア志向、混乱、不透明な責任の所在。問題は数え上げたらきりがないほど山積みされていた。しかし、いずれも私にとっては馴染み深い問題だった。私はオフィスに座ってこう考えた。

「いままでやってきたことはすべて、まさにこの瞬間のための修業だったのだ。会社再建、組織再編とリストラ、社員の意識と行動の変革、二つの企業文化の融合と異文化マネジメント。規模は小さかったとはいえ、どれもこれまでやってきたことだ」

もちろん、だからといって、それで難しい仕事に立ち向かう重圧が和らぐわけではなかったが。

燃え盛るプラットホーム

日産のように、ビジネスや事業構造がいかんともしがたいほど日本文化に絡み合っている企業が抜本的な変革に着手するには、燃え盛る甲板《プラットホーム》が必要である。自分がいま、海の真ん中に浮かぶ、火事で燃え盛るプラットホームに立っていると想像してほしい。早く脱出しないと船もろとも海中に没してしまう。生き延びるには、たとえ行き着く先が見えなくとも、ある方向を選んで泳ぎ出さなければならない。重要な決断を下す際には燃え盛るプラットホームが不可欠である。日産はまさに焼け落ちんばかりに燃え盛るプラットホームに立っていたのである。

日産の国内市場のシェアは、一九七四年の三四パーセントをピークに減り続け、一九九九年には一九パーセントにまで落ち込んでいた。日産では全社員がマーケットシェア、とりわけ国内市場のマーケットシェアに注目していた。彼らにとって、マーケットシェアこそ会社が上向きか下向きかを占う指標だった。そして、日産の人々はマーケットシェアが二五年以上にわたって下降線を辿るのを見続けてきたのである。そのことが日産社員の士気にどのような影響を与えてきたかは想像に難くない。

海外市場でも日産のシェアは一九九一年の六・六パーセントから着実に落ち込み、八年間で四・九パーセントまで下がった。一九九八年度の自動車事業での実質有利子負債残高は二兆一〇〇〇億円だった。利子の支払い分だけでも一〇〇〇億円に達していた。日産が一定水準の収益を確保できなくなってから一〇年近くたっていた。一九九六年度には利益を上げたが、自慢できるほどのものではなかった。社員の誰もが多くのことを変える必要があると感じていたが、日産は好転の兆しすら見せることはできなかった。

私は、私たち日産の人間には日産を復活させる責任があり、時間的猶予は限られていることをはっきりと口に出した。そして、復活に貢献するチャンスは社員全員にあるが、貢献したくない社員には二度とチャンスは訪れないと言い渡した。

これでは脅迫ではないかと言われたこともあるが、決して脅迫ではなかった。現実だったのである。私自身も、もし一年目にゴールを達成できなければ、二年目もここにいるという保証はないと伝えた。失敗したら別の新たなプランに切り替えればいいなどと、悠長なことを言っていられる状態ではなかったのだ。もはや私たちには「成功」という選択肢以外は残されていなかったのである。

的外れな分析

二〇〇一年七月、ひとりのアメリカ人ライターが日産を訪れ、日産リバイバルプラン（NRP）に関するインタビューを申し込んできた。彼が周到な準備をして「日産衰退の一〇年」――そう彼は名づけていた――に関する情報を集めてきたことは明らかだった。そこでインタビューがある時点に差し掛かったとき、私は逆に彼にたずねてみることにした。日産衰退の原因はどこにあると思うかと。すると、彼はやおらブリーフケースからノートを取り出し、咳払いをして、事前に用意していたメモを見ながらしゃべり始めた。

「日産の衰退にはいくつかの原因があります。第一の原因はバブル崩壊です。バブルが崩壊したとき、日産の経営陣は、八〇年代の海外進出で膨れ上がった債務で抜き差しならない状況に追い込まれていることに気づきました。日本では資産価値が急落し、不良債権に縛られた金融機関が倒産の危機に瀕していましたが、日産はそのただなかにありました。日産が頼みにする金融機関は、不良債権によって資金力を失っていました。日産の経営悪化に追い討ちをかけたのは、バブル後、日本の消費者が財布の紐を締め、消費行動にブレーキがかかったことです。車の購入台数も減り、売上げの下降傾向は九〇年代末になっても続きました」

ここで彼は一息つくと、ノートから目を上げて私の反応を見た。

見事に的外れな分析だった。同じ状況にあったトヨタとホンダは継続的な成長に成功しており、九〇年代にも実質的な利益を上げていたからだ。

「先を続けて」

とりあえず彼の話を全部聞くまでは意見は言わずにおこうと決め、私は先を促した。

「九〇年代初頭の日産の社長は辻義文でした。彼は一九九三年二月に、九七年度までに連結ベースで黒字に戻すという目標を掲げ、リストラ案を発表しました。この中には、新規採用者数の削減や、定年退職者の補充を行わないといった国内労働力の削減措置も含まれていました。このときのリストラ策のひとつが日本経済を震撼とさせました。神奈川県にある座間工場の閉鎖です。これは日本における戦後初の大手自動車工場の閉鎖でした。工場閉鎖は労働者やその家族たちの生活に影響を及ぼし、座間工場の労働者が段階的に他の工場へ異動するのに一年を費やしました」

「辻義文をはじめとする日産経営陣は巨額な債務の削減を目指すなら、もっと大胆で厳しい措置が必要だと考えていましたが、それは次期社長に委ねられました。辻義文は一九九六年に社長を退き、新社長に塙義一が就任しました。日産経営陣の交代を発表する記者会見の席で、辻は社長としていちばん大変だった仕事は何かと問われ、こう答えています。『最も難しかったのは、社内の切迫した危機意識の欠如と闘うことでした』」

これを聞いたとき私は驚いた。辻は明らかに日産の直面した問題の核心のひとつを認識していたのだ。それなのに、なぜ何らかの行動に出なかったのだろうという疑問が湧いた。

ライターは話を続けた。

「第二の原因は、海外進出によって、コントロールできない市場動向に翻弄されるようになったことです。たとえば、一九九四年末のメキシコ・ペソの切り下げによって、メキシコでの一九九五年の売上げは七〇パーセント以上落ち込みました」

彼の口調は次第に熱を帯びてきた。

「それに輪をかけて日産を厳しい状況に追い込んだのは、一九九七年六月のアジア通貨危機でした。固定為替相場制を放棄したタイでバーツが二〇パーセント下落し、それが他のアジア諸国に飛び火してアジア通貨危機が起こり、国際金融市場にパニックを引き起こしたのです」

「一九九七年一〇月二八日、ダウ工業株平均株価は五五四・二六ポイントも落ち込み、一日の下げ幅としては過去最高を記録しました。この急落は日本にも影響を与え、東京の日経平均株価も三二五・三八ポイント落ち込み、終値は過去二年で最低の一万七〇三八円を記録しました。日産もこの影響をもろに受け、六億六一〇〇万ドルの株式評価損を出し、これが一九九八年度上半期の損失となって現れました。東南アジアでの売上げも激減し、この年の一月から八月までの販売台数は前年同期の三万七〇〇〇台を大きく割り込み、九〇〇〇台にも届きませんでした」

私は椅子に座ったまま、あきれて聞いていた。これだけ多くのメディア情報を収集しておきながら、どうすればこれだけ的外れの分析ができるのだろう。

「第三点は日本円の高騰です」

いよいよ彼の話し方は教授然としてきた。今度は日産の業績不振を円高のせいにしようとしているらしい。私は呆然として天を仰いだ。彼はいらつく私を無視して話を進めた。

「一九八五年のプラザ合意のあと、日本円は劇的な円高に転じました。その結果、日産は生産拠点を海外に移さざるを得なくなり、国内工場の生産力にだぶつきが生じました。これを解決するために一九九五年に座間工場を閉鎖しました。戦後、日本では初めての自動車工場の閉鎖でした。日産は円高でジレンマに直面しました。このまま海外生産を続けて国内産業の空洞化が進めば労働力もだぶつくことになります。日本では大量解雇という選択肢はあり得ません。五〇年も続いた多くのサプライヤーとの関係をどうするかという問題もありました」

とりとめのないライターの分析に業を煮やし、ついに私は口をはさんだ。

「で、いま話してくれた情報を総合して、あなたの意見を聞かせてほしい」

余剰生産力、円高、海外への生産移転。いずれも日産が置かれている状況の一部であり、日産を苦しめている問題ではあるが、根本的とは言えない周縁の要因にすぎなかった。

私の質問に虚を衝かれたのか、度の強い縁なしメガネのレンズを通して彼の青い目に困惑が浮かんだ。明らかに彼は、自分の分析が日産の問題の核心を衝いていると思っていたらしい。

もう見くびられたくない

彼の困惑は、日産の人々に生じていた混乱と大差なかった。彼らも自分たちを取り巻く現実から正しい結論を引き出すことができないでいた。このライターと同じように、一部の事実と情報にとらわれ、不完全な全体像を描き出していたのである。その原因は、彼ら自身とそれを取り巻く状況を客観的に評価することができなかったことにあった。

景気後退と市場変動のさなかでも、収益を上げられる会社とそうでない会社があるのは、前者の経営手腕が優れているからだと考えてまず間違いないだろう。

日産の根本的な問題は、経営陣が方向を見失い、利益を上げるためになすべきことの優先順位を見失っていたことにある。利益に焦点を合わせることも、利益を上げるために社員を動機づけることも軽視してきた。顧客満足も重視していなかった。クロス・ファンクショナルなチームワークもなければ、海外進出にあたって国民性の違いを調整することもなかった。さらには、会社の将来に対する長期的なビジョンを共有することもなく、辻の驚くべき指摘の通り、本当の意味での切迫した危機感も見られなかったのである。

しかし、日産に合流したとき、私は人々が信頼できる新しい方向性を渇望しているのを感じた。彼らはマーケットシェアの低下も、利益の出ないオペレーションも、膨れ上がる負債も、もううんざりだと感じていた。ライバル会社の社員たちが好調な売上げと高収益の恩恵に浴している傍らで安月給に甘んじるのも、見くびられるのも、もはや限界だった。

18——マネジメント不在

日産の人々は自分が属している部門内でなら、求められるままに仕事をやり遂げることができたが、誰も会社全体がどうなっているのかということには気づかなかった。

——小島久義（日産取締役副社長）

コミュニケーション不在

日産に来た当初も、これまで通り、まずは問題の所在を突き止めるためにいろいろな場所を訪ね、無数の社員と言葉を交わした。さまざまな会合に顔を出し、求めに応じてみなの前で話をした。また、工場にも出向いて生産現場の人々と言葉を交わし、スーパーバイザーと話し、そのあとで工場の幹部と話し合った。社員を一五名とか二〇名とか集めてディスカッションをしたこともあるし、一対一でじっくり話すこともした。

工場やディーラー、社内のさまざまな部門を回る現状把握の旅で、はっきり分かってきたことがあった。それは、日産の誰もがどこかが間違っていると感じている、ということだった。そして、問題の原因は自分たちの部門ではなく他の部門にあると思っている、ということであった。

部門と部門、職務と職務のつながりが、見事に断ち切られていた。各部門ごとに社員は、自分たちは目標を達成しているとそれぞれに信じていた。これは日産に限らず、世界中の危機に瀕する企業に共通して見られる問題である。

誰もが自分たちは目標を達成していると思っているのに、会社の状態は悪い。誰もが、自分個人の仕事は、あるいは自分の部門で取り組んでいる仕事はうまくいっていると感じ、すべての問題の責任は他の部署や部門にあると思い込んでいる。これが日産の姿だった。会社の置かれた状況に責任を感じている人はひとりもいなかった。これが危機意識に欠けていたことの一因だった。

それと同時に、重要な問題が浮かび上がってきた。社内で起きていることをマネジメント側が正確に把握していないという問題だった。

従業員たちから聞いた典型的なコメントは、たとえばこんなものだった。

「三年前、会社は設備投資にX円も投じましたが、実際に使われているのはその生産能力の五〇パーセントにすぎません」

「いずれ市場で痛い目に遭うのは分かっていたんですが、結局、モデルチェンジは見送りました」

こうした意見は明らかに、マネジメント側に問題を見極め、明確かつ妥当な優先順位を確立する能力がなかったことを物語っていた。彼らは瑣末な問題も大きな問題もいっしょくたにしていた。ダイヤモンドも石ころもいっしょくたにして同等の重みで扱っていたのである。

加えて、社員の多くは意思決定のプロセスを知らされず、日産では物事がどのようにして決まるのかを知らなかった。彼らには絵の一部しか見えていなかった。トップ・マネジメントが行った意思決定の背景や理由を知らされることがなかった。従業員とマネジメントとのあいだに双方向コミュニケーションがほとんど存在しなかったのである。

トップの責任

私はマネジメントの責任とは、会社が持つ潜在能力を開発し、それを一〇〇パーセント具現化することだと考えている。マネジメントは会社にかかわり、社員にかかわり、会社が置かれている状況にかかわるものだ。マネジメントの仕事は、会社と社員のために、会社と社員の能力を最大限に発揮させることにある。

ガイドラインや優先順位の設定もマネジメントの仕事だ。私のマネジメント・スタイルはフォローしやすく一貫性があると評されることがある。事実そうだとすれば、できるだけ明確なガイドラインを示し、重要度に従ってやるべきことの優先順位を決めるようにしているからである。こうすれば社員にも物事がはっきりと見え、効果的な行動を取ることができる。

社長の仕事は、会社の中に見落とされがちな部分やあいまいな部分を残さないことにある。可能な限りあらゆる場所に光を当て、トップが会社のあらゆる分野を公平に扱っていることを示していかなければならない。

日産社員の多くは、私がなぜ会社運営のあらゆる面にそこまで首を突っ込むのか戸惑っていた。しかし、私はミシュラン入社当初に工場で働いたときの経験から、マネジメントが会社の現状を詳細に把握していなければ会社を正しく導くのは難しいと思っていた。

私は人からもらうデータや情報だけに依存するつもりはない、と全社員に言った。現状に関する情報を社員からじかに仕入れたいと思っているからだ。正しい方向に向かっているかどうか、適切な決断を下しているかどうかを確認するためには、明確な全体像が必要なのである。

ところが私のような考え方に戸惑う人も多い。そういう人は、「普通、社長はそこまで細かいことにはこだわらないものだ」と言う。しかし私は、危機的状況にある会社には社長が知らなくてよいことなどひとつもないことを示したかった。社長たる者、顧客満足や価値創造にかかわるすべての事柄について、仕事をスピードアップさせる機会や仕事を妨げる障害のすべてについて知っていなければならない。

優先順位の混乱

日産は一般管理部門でかなりの経費削減を行っていた。なかでも、人事や通信などの分野では過度の削減を強いている印象を受けた。削減策の多くは周辺分野だった。

日産は細かな部分であれこれと経費削減に努めていた。エグゼクティブ経費にもメスが入れられ、たとえば海外出張時にビジネスクラスを使うのをやめたりした。社内でも紙や事務用品の節約を呼びかけ、冷暖房も過度の使用を控え、夕方ある時刻以降休止する措置まで導入した。こうした措置は、実際には社員に罰を与えているだけで、本質的な問題解決につながるものではない。冷暖房の設定温度を一度下げるのは、コスト削減のための優先順位設定からの逃避である。冷暖房費の削減をするのもいいが、問題の核心に手を着けないのなら、いつまでたっても財政難から脱出することはできない。

優先順位を定め、それに従って行動するべきである。どこに問題の核心があるか知るには、損益計算書を見なくてはならない。調達コストが総コストの六〇パーセントを占めているなら、まずその分野を優先順位に従って徹底的に分析しなくてはならない。問題を認識し、原因を突き止め、それから初めて削減計画の作成に取りかかることができるのである。

経営トップは責任を持って、優先順位が正しく守られるようにしなければならない。

優先順位を正しく設定し直すためには二つのステップが必要である。第一に、プランニングを中央集権化すること。第二に、実施に際しての明確な責任系統の確立である。社員全員が一点のあいまいさもなく、誰が意思決定し、誰が実施責任を負うのかを分かっていなければならない。

二つ目のステップについて、日産ではマネジメント側の思考様式を変える必要があった。以前は、誰が責任者か、誰が何を担当しているのかが明確になっていなかった。日産のマネジメントは、複数の地域、機能、プロジェクトの寄り合い所帯のようなものだった。戦略は往々にして漠然としており、寄り合ったメンバーは自分なりの仕方で戦略を解釈し、自分なりのやり方でそれを実行していた。

ビジネスの原則に立ち返れ

優先順位見直しの必要性は、社内のいたるところにあった。たとえば製品開発部門では、開発すべき製品が多数あったにもかかわらず、資金不足のために進んでいなかった。市場に導入すべき製品があったのに、実際には製品化されなかった。人材も技術もあったのに、資金がなかった。将来に備えて多くの決断を下さなくてはならなかったのに、生き残りに必死で、長期的なプランを考えることができなかった。

新車を発表する能力がなかったことが国内市場での低迷の一因である。新車の開発が一年でも遅れれば、市場で膨大なリスクを背負うことになる。日産車マーチを例に考えてみよう。一般に乗用車は、市場セグメントにもよるが、五年から六年の期間でモデルチェンジが行われる。しかしマーチは発売以来九年がたっていた。

日産が新車開発で遅れを取ったのは、コア・ビジネスに集中していなかったことの結果である。日産はノンコア・ビジネスの株式を持ちながら、その業績に株主としての影響力を行使していなかった。たとえば一時、富士重工の株式を保有していたが、同社の経営や戦略に対する影響力はゼロだった。株式の四パーセント、二六〇億円相当を保有する筆頭株主だったにもかかわらず、富士重工がゼネラル・モーターズ（ＧＭ）との交渉を開始したときでさえ、日産は何も知らされていなかった。これだけの資金があれば、必要な新車開発もできたはずだ。
企業の経営や戦略に対する影響力の行使は株主の特権である。株主は投資に見合う業績と結果を求めるものだが、日産は株主としての特権を行使していなかった。関連会社に対しても、業績が悪ければ一緒になって業績回復に取り組むとか、経営のテコ入れをするといったことを、日産はいっさいしていなかった。

私が来るまでは、そういう考え方は日産にはなかったようだ。日産はただ手をこまぬいて傍観していた。私が業績不振の関連会社の社長交代を口にすると、かなりの抵抗に遭った。しかし私は、考えねばならない唯一の価値は「貢献」であり、全員が同じフィールドを同じルールで走り始めるまでは改革を続けるという意志を明確に示した。

社長であろうと平社員であろうと、過去にどんな地位に就いていようと、過去にどんな業績を上げていようと、そんなことはまったく関係がない。私自身についても同じことで、日産に価値をもたらすことができなくなれば、そのときが会社を去るときである。会社にどれだけ貢献できるか——それがすべてである。

関連会社の社長が結果を出せなかったら、責任を取ってもらい、結果を出せる人間と交代するというのがビジネスの世界のやり方だ。これまでの日産のやり方とは違うかもしれないが、競争力を回復させたいのなら、意思決定はビジネスの原則に基づいて行わなくてはならない。

19 ―クロス・ファンクショナル・チーム

ゴーンさんは各人の仕事とその内容をよく分かっていて、それぞれの仕事に関連する事柄をたずねてきます。そして、不十分だと思えば声をかけて各人の仕事や責任を思い出させてくれるのです。――冨井史郎（日産常務）

解決は日産の手で

日産が抱えている問題の解決策は社内にある。私がそう確信したのは、ミーティングである問題について解決策をたずねたときだった。私の問いに対して、参加者からごく自然に、さまざまな提案や解決策が出てきたのである。

日産リバイバルプラン（ＮＲＰ）の作成を外部コンサルタントに依頼するのは、明らかにおかど違いというものだった。何度かのディスカッションのあと、私たちは次の合意に達した。

「信頼性を確保するためにも、この計画は日産内部で作成する。そうすれば、これはわれわれが立てた計画だ、これはわれわれのものだ、と胸を張って言うことができる」

では、どのようにして作成するか？

答えはクロス・ファンクショナル・チーム（CFT）の設立だった。

初めてCFTを導入したのは、一九九二年から九六年に至るミシュラン北米時代である。当時CFTを実施するにあたっては、生まれたての未熟なコンセプトを根づかせるために、ゼロからガイドラインや手順を作り上げなければならなかった。このときの経験から、CFTの進め方のモデルができ、のちのルノーでは一九九七年から九九年にかけて、このモデルに基づいた「エキープ・トランスヴェルス」（部門横断チーム）を走らせた。しかし、このモデルは言わば青年期にあり、まだ改良の余地が残されていた。

そして、CFTは日産で完全な成熟期を迎えたのである。

そもそも顧客の要求はクロス・ファンクショナルなものである。コストにせよ、品質にせよ、納期にせよ、ひとつの機能やひとつの部門だけで応えられるものではない。どんな会社でも、最大の能力は部門と部門の相互作用の中に秘められている。

しかし、どの会社にも概してこの隠された能力を無視する傾向がある。CFTは自然に人々が集まってくるところにではなく、職務と職務の境界上に存在する。人々は境界上のあいまいな部分には尻込みして近づいてこないものだ。ここに人を集めるには、CFTのコンセプトを制度化して社内に根づかせるしかない。

マネジメント上層部の人間は、改革を目指すCFTに必ずしも最適任とは言えない。改革の気運は経営トップによってもたらされるわけではなく、あらゆるレベルから澎湃として湧き上がってくるようでなくてはならない。CFTには現状を変えたいという意欲を持つ、有能で見識のある人材を投入しなくてはならない。

適任者をCFTに集めたら、次にマネジメントとCFTのあいだに適切なバランスを保たなくてはならない。CFTが強すぎると、マネジメント側は「彼らがやりたいなら、私たちとは無関係にやらせてみればいい」と言ってあまり協力しなくなる。逆にマネジメント側が強すぎると、CFTは何か提案するたびに壁に跳ね返される気がして、やるだけ時間の無駄と感じるようになる。

両者のあいだにはほどよいバランスが必要だ。これこそが優れたマネジメントの要諦である。マネジメント側はCFTに刺激を受けてモチベートされなくてはならず、CFTは果敢に挑む姿勢を保たなくてはならない。

CFTの原則自体は、一九九二年に初めてミシュランで導入したときと変わっていないが、状況も文化も、アメリカ、フランス、日本と、それぞれに異なるため、実施方法にはおのずと違いがある。私の地位や責任範囲も変わってきた。ルノーでは私は経営委員会の一員にすぎず、ある程度の譲歩が必要だったが、日産では私はトップであり、自分が正しいと思ったことをやって、「責任は私が取る」と言うことができる。

いろいろな意味で私は幸運だった。というのは、どの会社でもドラスティックな変革に着手しても強い抵抗に遭わなかったからだ。一般に、問題を抱えた会社では、新しい方法や適切な解決策を見つける作業にそれほど大きな抵抗は生じない。無関心な人や反応の鈍い人はいるが、面と向かって異論を唱える人は少ない。傍観を決めこんでも、あえて妨害しようとはしない。彼らにしても心から会社の状況を憂いているからだ。即座に賛同し受け入れる人もいれば、結果を見てから参加しようとする人もいる。

日産の人々はもはや選択肢がないことを知っていた。会社は瀕死の状態で、基本的な仕事のやり方を変えてでも何か解決策を見つけるしかないというところまで来ていた。実際、私がＣＦＴを導入したとき、日産内部に抵抗はまったくなかった。

聖域なし、タブーなし

私たちは、すべての社員にとって野心的かつ現実的な目標を達成すべく、実際の行動計画の作成に取りかかった。計画作成の鍵はスピードだった。まず厳密なタイムテーブルを作り、厳しいデッドラインを設け、速やかに人員を配置しなければならなかった。

こうして、私のＣＯＯ就任後二週間もたたない一九九九年七月、私たちは九つのクロス・ファンクショナル・チーム（ＣＦＴ）を作った。取り組んだテーマは、①事業の発展、②購買、③製造・物流、④研究開発、⑤マーケティング・販売、⑥一般管理費、⑦財務コスト、⑧車種削減、⑨組織と意思決定プロセス――である。さらに、リバイバルプラン発表後に設備投資を担当する一〇番目のＣＦＴが加わった。

CFTには共通のゴールをひとつ設定した。それは、「事業の発展・収益改善・コスト削減を目的とする計画の提案」だった。また、すべてのチームに、聖域、タブー、制約、および日本・欧州・北米の文化的相違に起因する障害はいっさい排除するという共通のルールを課した。

CFTのメンバーに対して行ったブリーフィングでは、時間的余裕がなく事態が切迫していることを説明した。早急に適切な解決策を編み出さなければならない。「CFTは何よりも優先すべき課題だ」と私は強調した。私はすべてのCFTに対して基本原則を設けた。これを踏まえて各CFTは、担当分野での収益改善方法、あるいはコスト削減方法の検討に着手した。

経営委員会《エグゼクティブ・コミッティー》では、リバイバルプランを経営トップだけの仕事にせず全社挙げての仕事にするために、どうしてもCFTが必要だと説明した。CFTの目的はさまざまな職務、地域、職位の人々をひとつのテーブルに集め、さまざまな分野に存在する問題と機会をすべて洗い出すことにあった。私たちは可能な限り広範なリバイバルプランを作成したかった。

一〇〇日間の全力疾走

各CFTは一〇人余りのメンバーで構成され、「パイロット」が議論を取りまとめるリーダーの役割を果たした。当初、チーム・パイロットとメンバーにCFTの効用を完全に理解してもらうことは難しかった。それぞれ自分の職務範囲内で問題を扱うやり方に慣れていたからである。最初のうちは他の部門から集まった人々との話し合いに慣れるまで時間がかかったが、スピーディかつ効果的な話し合いの必要性は分かってもらえた。

CFTによる再建策取りまとめのプロセスは、時間を要する作業だった。チーム・パイロットと私は数え切れないほど意見を交わした。彼らが説明を求めてきたり、解決策を提示してきたら、私はフィードバックを行った。CFTと私のやりとりは間断なく続いた。

私たちは込み入った激しいやりとりを繰り返した。彼らはCFTには使命があること、彼らの編み出す解決策に会社の命運がかかっていること、そして時間が限られていることを十分認識していた。早急に結果を出すことが求められていた。批判や懐疑の声を鎮め、リバイバルプランに人々の気持ちを引きつけるには、少しずつでもいいから急いで成果を出さなければならなかった。社員のやる気に火をつけるには、速やかに結果を出すことが不可欠だった。

CFTは決断を下す組織ではなく、提案を行う組織である。実際に決断を下すのは経営委員会だった。CFTではおびただしい量の議論が行きつ戻りつし、幾度となくミーティングが開かれ、アイディアと目標の検討が重ねられた。私は彼らがいっそう積極的に取り組むように促し、ルノー側のカウンターパートに連絡を取って話をするように仕向けた。

したがって、この計画作成作業は、チーム内で議論して三か月間たったら最後に結果を報告する、といった類いの仕事ではなかった。CFTは三か月間ひっきりなしに一進一退を繰り返し、ミーティングを重ね、計画を作成し、それに副社長たちと私が対応した。作業は九月末まで続き、ようやく私たちは信頼に足る現実的な計画の本体が出来上がったと判断した。

この三か月のあいだ、CFTに直接かかわった人数は二〇〇人だったが、ほかにも何百人という数の社員が計画作りに貢献し、しめて二〇〇〇件のアイディアがCFTで検討された。

日本人以外にCFTにかかわったメンバーの数は少なかった。計画作りに着手したのは七月一日、計画を発表したのは一〇月一八日だった。もちろん、求めに応じて助力を惜しまないルノーの人々もいたが、実際問題として海外にいる人をこれに参加させる時間的余裕はなかった。そのうえ、夏の七月、八月といえば、海外ではバカンスの時期で、欧米人をフル稼働させるにはいい時期とは言えなかった。結果的に、NRP作成作業の重責はほとんど日本人社員が担ったのである。

私はかねがね日産の人々には速やかに行動を起こす能力があると信じていたが、NRPをスケジュール通り完成させてくれたことでその思いを強くした。必要なのは正しい道筋と方向を示すことだけだった。ガイドラインさえ定めれば、あとは人々が進めてくれる。

「リークは許さない」

私たちがNRP策定に取り組んでいるあいだ、計画発表の時期を探ろうとマスコミが殺到し、その時期に関するさまざまな憶測が飛び交った。マスコミの関心を特定の日に向け、質問攻めから逃れるには、日付を発表しなければならなかった。

私は一〇月の東京モーターショーの時期に発表すると決めた。それなら世間が待ちきれないほど先の話ではなかったし、実際、計画作成にこれ以上時間をかけるわけにもいかなかったからだ。

東京モーターショーで計画を明らかにすると発表したことで、マスコミは日産は本当に発表するという確証を得た。私たちは一〇月に向けて三か月にわたって計画作りに専念した。

するとこんどは、マスコミ各社は作成中の計画に関する情報を手に入れようと躍起となった。当時、日産は大事なことが外に漏れやすい体質だという評判があった。事実、このときもいくつかリークがあった。私はこの種のリークは日産を傷つけることになると言明し、細心の注意を払って防止に努めた。私は社員全員に対して、マスコミへのいかなるリークも服務規程違反にあたると強調し、誰かが何かを外部に漏らしていることが判明したら、その人には会社を辞めてもらうと告げた。正式発表前にＮＲＰの情報が漏れると、日産に対する妨害活動を招くと思ったからだ。リークが発覚すれば容赦はしない。これは役員たちにも徹底した。

リークを禁じたのは、日産が発表する予定の計画は非常に重要なものだったこと、そして、そのプロセスや内容や計画の背後にある考え方などについて、私の口からじかに説明したいと思ったからだ。情報の一部や断片があちこちのマスコミに流出し、勝手な解釈や誤解が生じるのはたまらなかった。日産の人々は驚くべき自制心を発揮して、私のガイドラインを守ってくれた。これ以降、リークはいっさいなかった。

そしてＮＲＰは、予定通り東京モーターショー開幕二日前の発表に漕ぎ着けたのである。

20 ―日産リバイバルプラン

何事も昔のほうがかなり楽だったと思います。目標や日程などの大変さだけから言えば、とてもいまのほうがよいとは言えません。しかし、私たちは正しい方向に向かっていると言えます。苦しんでいまのこの困難な時期を乗り越えることができれば、実り多い未来が待っていると考えています。――大久保宣夫（日産取締役副社長）

発表の瞬間

一九九九年一〇月一八日、ついに日産リバイバルプラン（NRP）発表の日がやってきた。会場には、日本のマスコミはもちろん、海外からも大勢のレポーターがつめかけた。ぎっしりと人で埋まった会場を見て、私はNRPに対する関心の高さを肌で感じた。

しかし、それよりも私は、そこにいない大勢の日産社員や関係者の、NRPに寄せる期待と不安をひしひしと感じていた。

私の発表は約一時間に及んだ。話し終わると会場は一瞬静まり返り、それから大きな拍手が起こった。マスコミはその内容の大胆さに驚き、大量の報道が行われた。計画の大変さを強調する論調ばかりだったが、その大変さをいちばんよく知っているのは、私たち自身だった。

日産リバイバルプラン（二〇〇〇年度―二〇〇二年度）（一九九九年一〇月）

《コミットメント（必達目標）》

1　二〇〇一年三月三一日までに黒字化を達成。
2　二〇〇三年三月三一日までに営業利益率四・五パーセント以上を達成。
3　二〇〇三年三月三一日までに有利子負債一兆四〇〇〇億円を七〇〇〇億円に削減。

《主要リストラ策》

4　二〇〇三年三月三一日までに総労働力の一四パーセントにあたる二万一〇〇〇人（日本国内一万六五〇〇人を含む）を削減（現行の一四万八〇〇〇人から一二万七〇〇〇人へ）。
5　二〇〇二年三月三一日までに、車両組立工場三か所とパワートレイン工場二か所を閉鎖し、国内余剰生産能力の三〇パーセントを削減。車両プラットホーム数を現行の二四から一五に削減。
6　二〇〇二年三月三一日までに、購買コストの二〇パーセントを削減し、サプライヤー数を現行の一一四五社から六〇〇社以下に削減。

7　ノンコア・ビジネス系列会社の株式および資産の売却。

《資源の再配備》

8　二〇〇〇年度から二〇〇二年度にかけて新製品二二種を売り出し、ブランド・パワーの再建に努める。テクノロジーへの再投資を行う。

9　年間投資額を二一〇〇億円から三一〇〇億円に増やす。

過剰生産能力の削減

世界各地に点在する日産の製造工場は、世界でも有数の生産性を誇っている。これはアメリカの『ハーバー・レポート』やヨーロッパの『エコノミスト・インテリジェンス・ユニット（EIU）』でも毎年実証されている。ルノーにいたころは、私はイギリスの日産サンダーランド工場を目標（ベンチマーク）にしていた。アメリカでは、毎年のように、最も生産性の高い工場としてテネシー州日産スマーナ工場の名前が挙がる。

国内の日産工場も生産性の高さではサンダーランドやスマーナに匹敵する。しかし、生産性が高いからといって、必ずしも費用効率や全体的効率がいいとは限らない。日産の社内製造コストの五〇パーセントは固定費だったからだ。

一九九九年度、日産の国内の車両生産能力は最低でも二四〇万台だったが、実際の生産台数は一二八万台で、生産能力の五〇パーセント強しか稼働していなかった。しかし、従業員や家族の問題があったため、工場閉鎖という選択肢は見送られ続けていた。座間工場閉鎖に伴う従業員の配置転換や引っ越し、座間に残ることにした人々に対する転職援助をめぐる苦労の数々は、まだ人々の記憶に新しかったからである。

そこで日産は妥協案として、工場全体ではなく一部の生産ラインの閉鎖にとどめようとした。しかし、私に言わせればこの種の妥協は間違っている。生産ラインの閉鎖によって、部分的なコスト削減と問題解決は可能になる。だが、これは手術で切除すべき腫瘍に痛み止めを投与するようなものだ。患者は良くなったと感じるかもしれないが、病気が治ったわけではない。誰もこれで問題は解決したなどとは思わないだろう。いずれは不安感が頭をもたげ、失職の心配がつのる。悪循環だ。しかし、製造部門には何か対策を講じなければならないという明白な認識があった。

製造担当CFTは、コスト削減手段の一環としてさらなる工場閉鎖を行えば、どのような事態を招くか理解していた。だが同時に、厳しい現実も認識していた。工場の数を減らさず、生産能力削減量を各工場に均等に割り振るという方法では、コスト競争力の弱体化が加速するリスクを避けることはできない。

そこで、CFTは車両組立工場三か所とパワートレイン工場二か所を閉鎖し、コスト競争力を強化するという提案をした。見通しでは、この結果、二〇〇二年までに残りの工場の稼働率を八〇パーセントまで高めることができそうだった。

痛みを先送りするな

一九九九年一〇月一八日、NRP発表時に私はこう言った。

「実際に痛みを伴うことは承知のうえです。しかし、たとえいかなる痛みを伴おうと、工場閉鎖は残った工場の生産性と費用効率の著しい向上をもたらすことになるでしょう」

当然のことながら、従業員とその家族への影響に鑑みて、工場閉鎖をNRPの負の部分と受け止める人もいた。従業員につらい体験を強いる結果になることは重々承知していたが、ほかに選択肢はなかった。問題のうわべを取り繕うだけでは、めざましい成果は期待できない。強力な解決策をもってしても、思い通りの成果が得られない場合もあるのだ。ソフトな解決策ではソフトな成果が関の山だ。決断を先延ばしし、五年間手を尽くしてみるなどと言ったところで、その間に問題が悪化し、命取りになりかねない。

私たちは三年計画のNRPを発表した。工場閉鎖は発表から一年後に着手した。私たちは一年目の目標、二年目の目標、三年目の目標を明確に打ち出した。私たちは一定の成果をみずからに課し、その成果をひとつでも達成できなかった場合は退陣を覚悟で臨んだ。私たちは、必達目標を設定した時点で、痛みを伴う決断を下さざるを得ないことを知っていた。

工場閉鎖によって従業員が陥る状況については熟慮を重ねた。必達目標を下げることなく、従業員の困窮を回避できる方法はないかと不眠不休で検討した。結局、工場閉鎖の影響を受けた従業員の数は総勢五二〇〇名だった。うち三四八〇名は他の工場に移り、四二〇名はそれぞれの土地の日産で別の仕事に就いた。退職者は総勢一三〇〇名、うち一〇〇名は定年退職、一二〇〇名はそれまで暮らしていた土地に残った。退職者の再就職にはできる限り手を尽くした。

危機的状況にもひとつだけ良い面がある。人々がベストの力を発揮するということだ。実際、NRPの初期には、日産復活を目指す人々がベストを尽くし、協力し合って必死で働いていた。私の考え方や私が決めた方法に全面的に賛成できない人もいたが、それでも最大限のプロ意識をもって自分の仕事をまっとうしてくれた。

高コスト体質の解消

購買コストの見直しについては、プラグマティックなアプローチに徹した。日産の部品やサービスの購買コストはルノーに比べて遥かに高かった。これは日本国内の他のメーカーと比べても同じだった。購買コストの差は時に二五パーセントにまで達しており、見逃すわけにはいかなかった。

購買コストの問題は数字がすべてを物語っていた。「バッテリーの適正価格はこれこれだが、わが社はもっと高い価格で購入している。その理由を説明してもらいたい」。哲学や文化や習慣は理由にならない。ビジネスの観点から、なぜそうなのかの説明が必要である。ルノーには他社の購買コストを集中的にベンチマークして作成したデータベースがあったので、日産はこれを使って他社の数字と比較しながら購買コストの問題を検討することができた。私たちはバッテリーやブレーキ、フロントガラスなど、自動車製造に関連するあらゆる部品のコストを比較した。

私はミシュラン北米にいたころから、日産は他社に比べて部品購買コストに甘い会社だと感じていた。日産には他社のような注意力が欠けているに違いないと思った。しかし、日産はミシュランの大口顧客でもなかったので、それ以上、日産の購買方法について深く考えることはなかった。

実際に日産の購買コストの数字を目にした瞬間、最優先課題は購買部門にあると分かった。日産は部品やサプライに高い代金を払っていることに無頓着だった。気づいてもコスト削減のための措置を講じようとはしていなかった。

では、購買コストをどのようにして削減するか。スペックの変更、新たなスタンダードの導入、ライバル会社のやり方の検討、購買担当者・エンジニア・サプライヤーの三者会談。いずれにしても、日産とサプライヤーの協力は不可欠である。しかし、それまで日産とサプライヤーは、十分に協力し合いながら、品質を落とさないでコストを削減する方法を検討してきたとは言えなかった。

エンジニアは購買担当者を一段低く見ており、社内にも購買担当者が出世し成功することはまずないという思い込みがあった。そこで、私たちは購買担当者のステータスを上げ、最終的な意思決定を行う立場として位置づけることにした。エンジニアには、同じゴールを目指して購買担当者にアドバイスを与え、サポートする役目を担ってもらうことにした。

ぬるま湯に浸かって死を待つのか

購買担当ＣＦＴとの話し合いで、私はこうたずねた。「わが社が払いすぎていることは明らかだ。なぜそんなに払うことになったのだろう？」

これまで購買を担当してきた人々の「いままでずっとこの価格でやってきた」という反論に対して、私はこう言った。

「過去にどうやってきたかはどうでもいいことです。私が聞きたいのは、これからどうするつもりかということです」

よりによってわざわざ高い価格で購入するという矛盾の一因は、サプライヤーの数が多すぎる点にあった。かりに七社の鋼板サプライヤーと取引するなら、日産の需要を各社に割り振り、一社当たりの生産量を限定しなければならない。しかし、七社を三社に絞れば、三社それぞれからの購入量は大きく増え、コストの大幅削減が可能になる。これがビジネスの当たり前の進め方というものだ。とにかく、日産はサプライヤーに法外な代金を支払うという問題を抱えていた。そこで私たちは、サプライヤーをリストアップし、今後三年でコストをどれだけ改善できるかを一社ごとに検討する作業に入った。

日産の購買コストの実態を購買担当者に見せるときでも、過去のやり方を責めたりはしなかった。むしろ、これからどうすべきかを重視する方向で議論を進めた。そうすることで、購買という仕事が、購買部門とエンジニアリング部門の共同の仕事になった。実際のところ、エンジニアの協力がなければ、購買担当者だけでは何を買うべきか決定できないのである。

購買担当CFTが、ベンチマーク企業より高い価格を出してきたら、同じ仕様の部品を他社はもっと安く入手していることを、数字を示しながら繰り返し説いた。削減目標は次第に一桁から二桁に移行し、最終的に二〇〇二年までに二〇パーセントの購買コスト削減が可能という結論に達した。この数字はたしかに驚異的だが、日産の競争力復活の推進力になるほどではない。大きく空けられた差を縮めることができる程度である。私たちはとりあえず初年度削減目標を八パーセントに設定した。

日産には従来のサプライヤーとの関係を見直すという選択肢しか残されていなかった。購買コストが総コストの六〇パーセントを占める現状ではなおさらだった。

系列会社との関係維持が大切だとする意見が出たとき、私は即座に「根拠は?」とたずね、会社が倒産の危機に瀕していることを訴えた。赤字と負債の海に沈んだ日産では、経営トップから工場労働者まで、ひとり残らず失業の瀬戸際に立たされていた。この状況で何を優先すべきか?長年取引してきたサプライヤーとのぬるま湯のような関係の維持か、日産の救済か?

マネジメント側から見れば答えは明白だった。何度も繰り返したように、マネジメントの仕事は優先順位を決定し、それに沿って、どんな痛みを伴おうとも解決策を見出すことにあるからだ。

サプライヤーとの関係でライバル会社に大きく遅れをとっているなら、サプライヤー・ベースを変革する意志を示さなければならない。サプライヤーに「もう少し頑張ってくれ」などと言うのは選択肢のうちに入らない。私たちはサプライヤーに誤解されないよう、二〇〇二年までに本気で二〇パーセント削減を達成するつもりでいることを示さなければならなかった。

断固たる決意が人を動かす

ＮＲＰでは、二〇〇二年までに、部品および資材サプライヤー数を現行の一一四五社から六〇〇社以下に、設備機器サプライヤーと主要なサービス・サプライヤー数を推定六九〇〇社から三四〇〇社に削減する計画を立てた。これは、選ばれたサプライヤーにとっては日産との取引量が著しく増えることを意味した。同時に、競争力のあるグローバル・サプライヤーとの関係を強化し、最高水準の技術、コスト、品質、納期などの恩恵に浴すべく努めることになった。

また、ＮＲＰには「日産３―３―３」と呼ばれる計画も組み込まれた。三つのパートナー（サプライヤー、購買、エンジニア）、三つの地域（日本・アジア、北米・南米、欧州・中東・アフリカ）、三年間（二〇〇〇年度から二〇〇二年度まで）の意味だ。

この計画の目的は、エンジニアと購買担当者がサプライヤーとチームワークを組み、顧客の求めるパフォーマンスに合致するスペックを作ることにあった。多くのサプライヤーは、これまで繰り返し日産に提案や要求をしたが、日産は何もしてくれなかったと訴えた。そこで私たちは、今後は彼らの話をよく聞き、互いにとって有益な対策をとることにすると伝えた。

先にも述べたように、これまでの教訓から、痛みを伴う決断を下さざるを得ないときは、速やかに決然と行うほうが望ましいことが分かっていた。避けて通っても痛みを長引かせるだけだ。問題解決に責任を負い、あいまいさを排除した言葉で今後の手順と期待できる効果を説明することができれば、人々は自己犠牲を払ってでも理解を示し、ついてくるものだ。日産の危機はこの私の信念を裏づけるものだった。彼らは強力なリーダーシップを求めていた。

『デトロイト・フリー・プレス』(一九九九年一一月一五日付)に、あるアメリカ人ジャーナリストがNRPの影響に関する記事を書いた。このジャーナリストは閉鎖が決まっている村山工場の周辺を訪ね、NRPの影響をもろに受ける零細下請業者らにインタビューした。ある年輩のサプライヤーの社長は、自分の会社も打撃を受けることになるのを認めたうえでこう語った。

「日産が再建に成功しなければ、私たちも生き残れません。今回の新しい計画(NRP)に勝る計画はありません。これまで日産がやってきたのは、先延ばしと弱体化につながる対策だけでした。私は日産に対して強い尊敬の念と忠誠心を持っています。私はベストを尽くしてゴーンさんに協力し、支援していこうと思っています。日産にはぜひ立ち直ってほしい。そのためなら喜んで犠牲を払うつもりです」

将来に投資する

どんなに強調しても足りないくらいだが、NRPの全体的な意義は、日産を継続的な収益増が見込める軌道に戻すことにある。このためには将来への投資が必要である。

ところが、ＮＲＰは短期的成果を狙ったコスト削減だけの計画だと勘違いしている人も多く、ルノーとの提携前からあった古いアイディアを包装だけ変えて新しく見せているだけだと言う人も少なくない。

こうした意見はまったく間違っている。ＮＲＰには、その内容から見ても遂行方法から見ても、日産が過去に行った、あるいは試したものとは似ても似つかない新しい事柄が数多く含まれている。とりわけ、将来の成長のための大々的な設備投資をいくつも並行して行い、一兆円のコスト削減を断行し、五〇〇〇億円相当のノンコア資産を売却することなどは、これまでの再編計画には見られなかった。

二〇〇〇年だけを振り返っても、日産は短期的成果だけを重視するならほとんど意味をなさないいくつかの投資決定を行った。

最初に決断したのは、二二の新製品投入だった。この中にはすでに投入されたブルーバードシルフィ、エクストレイル、プリメーラ、シーマ、キャラバン、スカイライン、ステージアの七車種のモデルチェンジも含まれている。二二のニューモデルはＮＲＰの最後の年となる二〇〇二年度に全車種がそろう予定である。割り振りは、ＮＲＰ一年目の二〇〇〇年度に四車種、二〇〇一年度に五車種、二〇〇二年度に一三車種となっている。

新製品開発はＮＲＰの核心である。日産がコスト削減とノンコア資産の売却によって、コア・ビジネスに資金を集中しようとしていることは明らかだった。日産のコア・ビジネスとは、車の設計・デザイン、開発、製造、マーケティング、そして販売である。

日産は技術開発を促進するために、エンジニアリングへの投資を行っている。その第一段階として、すでに新しい人材の雇用に踏み切り、現在は各地にテクニカルセンターを設立している。

二番目は、二〇〇〇年に発表したブラジルのメルコスールに三億ドルの投資を行う決断だった。これはルノー工場で日産車の製造を開始するための投資だった。ここでは二〇〇二年にフロンティア・ピックアップの製造を開始する予定である。また、アメリカのテネシー州スマーナの生産能力を五〇パーセント、同州デカードのパワートレイン生産能力を三倍に増やすと発表した。

さらには、アメリカのミシシッピ州キャントンに、二五万台の生産能力を持つ新工場を建設すると発表した。生産開始は二〇〇三年春を予定している。この工場建設に伴って、日産は大型ピックアップ・トラックと大型SUV（スポーツ・ユーティリティ・ビークル）の市場への参入が可能になる。

これ以外にも、インドネシアの関連会社への出資、スズキとの提携による軽自動車市場への参入、ルノーとの共同による燃料電池の研究開発に五年間で八五〇億円の投資といった遠大な決断も下してきた。

このように私たちは、将来の成長に影響を与える数々の決定を行った。資金、時間、人材などの資源は、二〇〇三年ないし二〇〇四年までは目に見える形で成果が現れない、以上のようなプロジェクトに向けられているのである。

NRPは長期計画である。日産は負債額削減目標の達成を危うくすることなく、年間投資額を二四〇〇億円から三二〇〇億円に増やすために、ノンコア資産の売却に踏み切った。未来への投資を増やすことで、日産は世界市場に果敢に挑戦する強力なポジションを確保しようとしているのである。

めざましい成果

ＮＲＰで設定した目標には、すべて具体的な数値目標と、グローバル規模でその達成に責任を負う者を定め、明確な責任体系を作った。また、目標達成の期限厳守を徹底すべく、二〇〇〇年、二〇〇一年、二〇〇二年と一年ごとにデッドラインを設定し、迅速に決断し遂行せざるを得ない状況に自分たちを追い込んでいった。

何よりも重要だったのが計画の遂行である。経営委員会のメンバー全員がＮＲＰの各目標をモニターする役割を担った。私たちはひとつのチームとして、あらゆる指標について進捗状況を検討した。ある指標がしかるべき水準に達していなければ、いち早く対策を講じた。のんびり三か月ごとに集まって進み具合を点検するなどというやり方は許されなかった。こうした点検作業はシステマティックに行われ、全社のすみずみまで行き渡った。とくに重要な目標については、進捗状況を逐一全社員に知らせた。

ＮＲＰはあらゆる分野で徹底的に実行に移され、どの目標も、設定された期限あるいはそれ以前に達成された。

日産リバイバルプラン進捗状況（二〇〇一年三月三一日現在の達成状況）

《コミットメント（必達目標）》

1　連結営業利益二九〇三億円を達成（税引後最終損益三三一一億円）。
2　売上高営業利益四・七五パーセント達成。
3　負債額を九五三〇億円に削減。

《主要リストラ策》

4　従業員数一万四二〇〇人を削減（一四万八〇〇〇人から一三万三八〇〇人へ）。
5　国内車両組立工場を三か所閉鎖。
6　購買コスト削減率は必達年間目標の八パーセントを上回る一一パーセントを達成。サプライヤー数を一一四五社から八一〇社に削減。
7　不動産、有価証券、ノンコア系列会社および資産を売却（合計三四一〇億円）。

《資源の再配備》

8　新製品四種を発表。
9　投資を純売上高の三・七パーセントから五パーセントに増加。
10　メルコスールへ三億ドルを投資。ミシシッピ州キャントンの新しい車両組立工場建設に九億三〇〇〇万ドルを投資。インドネシア事業の株式取得と経営権の取得。

ＮＲＰの成果は二〇〇一年三月三一日に終了した二〇〇〇年度決算報告に現れた。二〇〇〇年度のコスト削減は必達目標を超える成果を上げた。購買コストの一一パーセント削減は、必達目標の八パーセントはもとより努力目標の一〇パーセントをも上回る数字だった。部品および資材のサプライヤー数は一九九九年一〇月の一一四五社から三〇パーセント減って八一〇社に、サービス・サプライヤー数は四〇パーセント減少した。

製造部門では、国内車両組立工場三か所の閉鎖を完了した。工場閉鎖は混乱なくスムーズに進み、結果的に、国内生産稼働率は前年度の七工場による五一パーセントから、再編後の四工場による七〇パーセント強に向上した。

ＮＲＰの主要原則のひとつに、コア・ビジネスへの投資を目的とする財源の確保が挙げられる。資産売却は投資を促し、自動車事業関連有利子負債を削減するうえで重要な役割を果たした。二〇〇〇年度の不動産、有価証券、ノンコア事業および系列会社などの売却資産現金総額は、当初予想の二〇〇〇億円を遥かに超え、三四一〇億円に達した。

他の分野でも、目標を達成するかそれを上回る成果を上げた。コスト削減はＮＲＰの数ある成果のひとつにすぎない。新型車の導入に伴って連結ベースでの売上げが増加し、ＮＲＰ初年度の税引後連結当期損益は、過去最高の三三一一億円となった。

自動車事業における連結実質有利子負債残高は三九六〇億円削減され、一兆円を切って九五三〇億円となった。

こうした成果が現れると、当初社内に漂っていた懐疑的な見方は次第に和らいでいった。

私が驚いたこと

こうしてNRPは着実な成果を見せ始めたが、ゴーンは簡単にできる部分に手を着けたにすぎず、ここから先はそうはいかない、難航するに違いないという声が聞こえてくる。反論する気にもなれないが、NRPを発表したときには実現性を疑う声が多く、日産の復活など不可能だと言われたものだ。

国内工場の閉鎖や系列の見直しが容易なことだったと言うのだろうか？　国内市場のシェアの減少に非難が集中するなかで、販売網の整理に踏み切ることが難しくなかったと言うのだろうか？　会社を再建するために、全社一丸、歯を食いしばって痛みに耐えたのである。

日産の人々が思考と行動のパターンを変えなかったら、そもそもNRPを発表することもできなかっただろうし、ましてや驚異的な成功も望めなかったに違いない。

私はいまもって、日産の人々がマネジメント・スタイルの変革を実に速やかに受け入れたことに驚きを禁じ得ない。もちろん、ひとり残らず変革を受け入れたとは言えないし、ごく一部に留保組がいたのも事実だが、誰もが昔のやり方に戻ることはできないという共通認識を持っていた。彼らは当然、自分たちのプラットホームが燃えていることに気づいていた。行き着く先も分からないまま泳ぎ始めなければならなかったが、彼らにためらいはなかった。

二〇〇〇年度の成果を発表した際に、私は次のように述べた。

「日産リバイバルプランは、知り得る限り日産の歴史始まって以来、最高の財務実績をもたらしました。日産は復活したのです。営業利益も三倍を超え、負債額は過去一五年で最低水準を記録しました。NRPは着実に実行に移されました。私たちはみずから成し遂げた成果に刺激され、さらに前進しようとしています」

21 ―プラン180

ゴーンさんが来てから、物事の決まるプロセスが迅速になって、仕事がやりやすくなりました。プレッシャーはありますが、ストレスはまったくありません。以前は現在ほどのモチベーションや責任は感じていませんでした。日産のモチベーションを高めたことは、ゴーンさんがやり遂げた最大の仕事と言えるでしょう。――富井史郎（日産常務）

プラン180

日産は現在、魅力ある製品を開発し、日産ブランドを浸透させ、販売するという本来の仕事に取り組んでいる。

社員にとってこの仕事は、本来そのために給料をもらっている雇用目的に適っているという意味で、リストラなどより遥かにやりがいのある仕事である。新しい技術を開発し、革新的な設計を生み出し、マーケティング方法を編み出す。それぞれが自分の得意とする領域で、苦労しがいのある仕事に取り組んでいる。彼らの前には輝く未来が待ち受けているはずだ。

日産の未来を確実なものにするために、私たちは日産リバイバルプラン（NRP）に続く計画、「プラン180」を作成した。ポストNRPの重点は成長、収益性、負債削減である。「1」は販売台数の一〇〇万台増、「8」は営業利益率八パーセント、「0」は負債ゼロを意味する。

成長

プラン180は、二〇〇五年までに全世界での販売台数を一〇〇万台増やすという目標を掲げている。このために、日米欧以外の海外市場の一部での販売台数増を最優先課題とし、ヨーロッパにおいてはこれまで通り収益にいっそうの重点を置くことになる。

成長力を強化するには、売れる新製品の開発が必要である。二〇〇三年度から二〇〇五年度に至る三年間にさらに二二種のまったく新しいモデルを送り出す予定である。つまり、一年ごとに着実に七種のニューモデルを送り出す計算になる。

ブランド力の回復は短期間に達成できるプロジェクトではない。製品の魅力を高める努力は継続的に行わなければならない。そのために私たちは、明確な日産アイデンティティを持つデザインの作成、クリエイティブでユーザーに使いやすいITアプリケーションの搭載、最高のドライビング・パフォーマンスを約束するパワートレインの開発、競争力のあるサービスによる製品サポートに取り組んでいくつもりである。

収益性

二つ目の重点分野である収益性での目標は、自動車業界でトップレベルの収益性を確保することにある。NRPの速やかな立ち上がりは、効果的なコスト削減を目指した努力の賜物だった。自動車業界で一段階上のレベルの競争に打ち勝つには、コスト削減を続行し、購買、製造、R&D、販売・マーケティング、一般管理費など、すべての分野で効率を向上させなければならない。

収益性はビジネスの成長と継続的な品質改善努力、コスト競争力が相まってもたらされる。日産は最も過酷なビジネス環境でも収益力を保つことができる企業にならなければならない。

負債

三つ目の重点分野である財務資源の面での目標は、日産を負債ゼロに持っていくことである。負債ゼロとは財務上の制約がコントロールされていることを意味する。負債ゼロを達成できれば、収益性目標を満たしつつ、最適な財務構造の枠内で、投資を柔軟に行えるようになる。

日産の負債額は一九九八年度の二兆一〇〇〇億円から、一九九九年度末には一兆四〇〇〇億円、二〇〇〇年度末には九五三〇億円と着実に減少してきた。このままでいけば、二〇〇二年度末の必達目標七〇〇〇億円を下回ることは十分に可能である。

私たちはNRP以降も一貫して、オペレーション上の競争力と健全なキャッシュフローを確保できるバランスシートを目指していきたいと考えている。つまり、純負債をゼロに近づけるべく努力する一方で、資源の有効活用と資金コストを最適化するためには借り入れも柔軟に行うということである。

プラン180は、まさに日産の次なるステップを象徴する名称である。同時にこの名称は、九〇年代に目指していた方向を一八〇度転換するという意味にも通じる。二一世紀、私たち日産は進路を新たにし、成長、収益性、負債ゼロへと向かっている。

環境への配慮

以上の三つの大きな柱のほかにも、プラン180はいくつかの大きな課題に取り組んでいる。そのひとつがプランに盛り込んだ環境保護規定である。

環境保護は今後、自動車メーカーの製品計画にますます大きな役割を果たすだろう。自動車メーカーがこれから先も事業を展開し、この業界に留まろうとするなら、環境保護が必須条件となる。低燃費のエンジンの開発、有害物質排出量の削減、パワーエンジン用代替燃料の研究。いずれも自動車メーカーに必要な要素である。

しかし、ハイブリッドカーに飛びつく顧客が少ないことを見ても分かるように、こうした環境保護要素は必ずしも消費者の購買意欲とは結びつかない。排気ガスが最も少ないハイブリッドカーを開発できればたしかに高い評価を受けるかもしれないが、それ以外に特色がなければ売れるとは限らない。たしかに環境への関心は高まっているが、だからといって自動車メーカーに環境保護だけを目指した車作りが求められているわけではない。消費者は優れたデザインやパワー、パフォーマンス、興奮、そしてバリューを求めている。収益に結びつかない、環境にやさしい技術だけに依存した自動車を売るわけにはいかない。

日産はビジネス、社会、個人レベルで環境問題を考えている。自動車業界に留まるには、環境にやさしい製品を市場に導入しなければならない。ビジネスのためだけでなく、社会の一員として、また個人として、子どもたちや社会全体のために環境保護に取り組んでいかなければならないのである。

環境問題を避けて通るようでは自動車業界に未来はない。短期的利益を考えれば環境問題を無視したくなるのも分からなくはないが、そのような姿勢は承服できない。なぜなら、第一に私は未来に関心を持っているからだ。誰もがそうであるように、私も排気物質が環境に与える影響を懸念している。そして、第二に子どもがいるからである。子どもを持つ親なら子どもたちの健康と成長が気がかりだろう。この種の問題を後の世代に押し付けるわけにはいかない。いまのうちに片付けておかなければならないのである。

新しいブランド・アイデンティティ

日産はブランドの新たな構築にも莫大な資源を注ぎ込んでいる。まったく新しいビジュアル・アイデンティティ、新しい宣伝活動、年間四〇〇〇人の新人訓練なども、ブランド再構築の一環である。

企業にとってブランド力は不可欠である。他社の同様の製品と比べたとき、顧客がその製品にいくら払うかを調査することよってブランド力を測ることができる。たとえば、顧客に日産ブランド製品と非常によく似た他社ブランド製品を見せることでブランド力が判明する。こうした顧客の反応から価格差が生まれてくるのである。

ブランド力は通常、市場ごとにレファレンス・ポイントとなる他社ブランドと比較して調査する。調査を実施した市場すべてにおいて日産はブランド力が不足していることが判明した。アメリカではブランド力不足による価格差は約一〇〇〇ドルだった。日産はアメリカで七五万台以上売り上げているが、ブランド力不足という理由だけで、この一市場だけで、みすみす七億五〇〇〇万ドルの収益機会を失っているわけである。

ブランド力は永続的な収益につながる。なぜなら、強力なブランドがあれば、顧客により大きな信頼性を与えることができるからである。もちろん、ブランド力があればミスが許されるという意味ではないが、強いブランド力ゆえに速やかにミスから立ち直った企業が少なくないことも確かである。

日産には魅力的な製品が数多く存在した。アメリカでヒットしたエクステラなどは、ブランド力がさほど強くないにもかかわらず人気が出た典型的な例である。逆に強力なブランドを持つ粗悪な製品も多い。どちらを選ぶかは顧客次第である。

ブランドに対する顧客の認識を変えるまでには、デザイン、製造、販促、宣伝などあらゆる分野で、何年にもわたって根気よくさまざまな努力を続けなければならない。日産は社内のコミュニケーションから対外的なビジュアル・アイデンティティに至るまで、日産イメージを統一すべく努力している。

そして、常に斬新で一貫した日産イメージを維持するために、さまざまな策を講じている。これは以前には見られなかったことである。以前はそれぞれのグループがそれぞれによかれと思う努力をしていたにすぎなかった、中央で管理された一貫した指針がなかったため、せっかくの努力が無駄になっていた。必要なのは、戦略的かつ実際的な見地から、ブランドのことを専門に考えるグループを設けることだった。

ブランド・マネジメント・チームはブランド・アイデンティティに関するあらゆる決断を下す。チームのメンバーは、社内のすべての動向を体系的に観察し、ブランド戦略に矛盾する場合は「ダメ出し」をする。もちろん、その決断を下すのは私ではない。私の役目はチームのメンバーを選び、日産ブランドに関する話し合いに参加することだ。ブランド・アイデンティティ完成に至るプロセスについての討論にも参加しているが、その後はすべてチームのメンバーに委ねている。

日産はブランド・イメージを徐々に変えてきている。時が経てば一貫性と統一性のあるブランド・イメージが確立するだろう。

22 ──グローバル・アライアンス

ルノーから社長やCFOや製品企画担当役員が乗り込んでくるわけですから、まったく不安がなかったと言えば嘘になるでしょう。ところが彼らは、実際にはまるで日産の社員であるかのように働いてくれたのです。──小島久義（日産取締役副社長）

イノベーションの源泉

日産とルノーが提携を発表したとき、口さがない懐疑主義者たちは、日本とフランスの文化衝突は必至だと公言した。

「日本人は島国根性が強く、簡単に他の文化を受け入れようとはしない。日産はフランス文化が溶け込むには、あまりにも古いしきたりと日本中心主義がはびこった会社である。そのうえ、日産にはフランス語をしゃべれる人間がほとんどいない」

「フランス人はナショナリズムが強く、フランス文化に対して強い自尊心を持っている。ルノーはこれまでフランス国内や欧州市場では事業展開してきたが、日本やアメリカ市場を扱った経験はない。そのうえ、日本語をしゃべれるフランス人はほとんどいない」

日産に来る前に、日産とルノーの文化衝突に手を焼くだろうと多くの人に警告された。しかし、私個人は文化衝突についてはまったく心配していなかった。私は一貫して、文化の相違は前向きな機会として利用できると考えてきたし、文化的相違はイノベーションをもたらすと確信しているからである。このように考えるようになったのも、いろいろな国でさまざまな文化環境を体験してきたからだろう。

医学や科学の世界で画期的な発見がもたらされたのは、人々が普通とは異なる何かに気づいたからである。発見は予想もしない何かを観察することから生まれた。好奇心が旺盛な人なら「違うのはなぜだろう」と問いかけるだろう。

予想したものと実際に見たものとの相違が、発見とイノベーションを生み出す。これはありのままの世界、あるいはありのままの人々の姿の発見にもつながる。たとえば、フランス人と日本人の経営スタイルの相違を考えてみよう。

フランス人は概念化の段階を非常に迅速かつ明確に進める。日本人はフランス人が概念化する速さに驚くと同時に、実行に必要な大切な要素が何か抜け落ちているのではないかと心配する。しかし、フランス人は実行段階で時間をかけ、概念化段階で見落としていたかもしれない要素がないかどうかを確認しようとする。だから、マネジャーは実行段階で計画通りにことが運んでいるかどうかを監視する。これはラテン的な特質である。

かたや日本人は概念化に時間をかける。そこでフランス人は時折髪をかきむしり、日本人はなんて遅いのだろうと嘆く。しかし、日本人は概念化に携わりながら、実行計画も立てている。だから、いったん実行段階に入ると仕事は迅速かつ効率的で、マネジャーは部下の仕事ぶりをいちいち監視しなくてもよい。

このようなフランス人と日本人が互いのやり方を理解すれば、体験から多くのことを学び、それぞれのやり方に賞賛と敬意を表し、互いに高め、豊かなものにしていく機会を手に入れることができる。

違いを尊重する

ここで少し昔話をすることを許していただきたい。私が日本人と本当の意味で初めて接したのは、ミシュランにいた一九八四年のことだった。この年、私は農業用タイヤやブルドーザー用タイヤなど大型タイヤを扱うR&Dテクニカルセンターのトップを務めていた。ブルドーザー用タイヤのおもな顧客はキャタピラとコマツだった。

一九八四年、コマツとの仕事で日本に行くことになった。日本では同社の人たちと打ち合わせをしたり、掘削機の組立現場を見せてもらったりしたが、初めての訪日でとくに印象に残ったことが二つあった。

ひとつは全従業員がユニフォームを着ていたことである。ミーティングはテーブルを囲んで行われたが、みなが同じ服を着ていて、来訪者には誰が誰なのか、どの人が管理職なのか、見た目ではまったく識別できなかった。会議中、話をしたのはおもに若手社員で、上司たちはほとんど口を開かずただ聞いているだけだった。

名刺交換をしたことで誰が管理職かは判明したが、私は彼ら管理職がほとんどものを言わないことに驚いた。ボスが話し、他の人たちは聞くだけでほとんど口をはさまないフランスの会議風景とはまったく正反対だった。

もうひとつ驚いたのは、工場のオペレーションが非常にシンプルだったことである。ヨーロッパでは生産力とテクノロジーが複雑に結びついているというイメージが強いが、日本ではこの二つが実に簡潔に結びついていた。

私はコマツで目にしたことに感銘を受けて帰国した。日本のマネジメント・スタイルは欧米のものとは異なり、先入観を持っていては通用しないことも分かった。

いずれにしても、何事も相手を尊重することから始めなければならない。常にまず、チームを組んだ人間が有能で、仕事についての知識も豊富だと考えて接するべきである。これが出発点である。

ルノーで私と一緒に日産に出向く人を選んだとき、私は彼らに、日産と日産の人々に敬意を持ってほしい、そして日本人はなぜ違うやり方をするのかを時間をかけて考えてほしい、と伝えた。もちろん、これには忍耐が必要だが、相違点を認識し、分析し、理解して、そこから学ぶことができれば、文化的に豊かになることができる。文化的に豊かになれば革新的なマネジメントや改善が誕生し、誰もが恩恵に浴することができる。

アライアンスのマネジメント

日産のような典型的な日本企業とルノーのような典型的なフランス企業が、どちらがオーナーか、あるいはどちらが決定権を持つかといったことで対立することなく、協力し合う土俵を作る方法としては、アライアンスという形が唯一かつ最善のものであった。

アライアンスの基本合意文書は、機密保持や運営のルールなどの取り決めとともに、理念の共有、相互の信頼、相違点の尊重、両社間のバランスなどについても触れている。合意文書は言わば憲法のようなもので、両社がアライアンスを強化し、互いの業績向上に貢献していくうえでの基本原則を定めたものである。

意思決定の枠組みは基本的に、両社が平等に参加できる形になっている。アライアンスの本体を司るグローバル・アライアンス・コミッティー（GAC）は日産側六名、ルノー側六名で構成され、両社のCEOが共同で議長を務める。GACは共同戦略を定め、クロス・カンパニー・チーム（CCT）の提案する協調行動あるいはシナジー追求のための行動を決定する。GACは毎月進捗状況を検討する。会議は基本的にパリと東京で交互に開催される。委員会で使われる共通言語は英語、第二言語は双方の母国語である。

ＣＣＴはプロジェクトやテーマに応じてＧＡＣが設置する。ＣＣＴの仕事は機会の評価と両社間のシナジー効果を具体化するための方法の提案である。現在は全部で一二のＣＣＴが設置されている。うち五つは、商品企画および関連戦略、車両開発、パワートレイン、購買と供給、生産である。残りの七つは、日本・アジア太平洋、北米・中米、南米、欧州、ＣＩＳ（独立国家共同体）およびトルコ・ルーマニア・北アフリカ、中東、サハラ以南アフリカの七地域のマーケティングと販売を担当する。各チームのリーダーは両社のいずれかがなり、副リーダーはリーダーを出さなかった側から選ばれる。

購買と生産のアライアンス

ルノー日産グローバル・アライアンスが生んだ成果の具体例を見てみよう。アライアンスは現在、第一段階にあるが、すでに提携前の予想を上回るシナジー効果が現れている。

二〇〇一年四月、両社はシナジー効果実現の一環としてルノー日産共同購買会社（ＲＮＰＯ）を設立した。ＲＮＰＯは当初、両社の年間購入額五〇〇億ドルの約三〇パーセント、金額にして一四五億ドルを取り扱い対象とする。成果が顕著に現れるようなら、やがて七〇パーセント、三五〇億ドル相当にまで拡大する予定である。

共同プロジェクトの恩恵が顕著に現れるのは二〇〇五年以降になる。購買決定は東京あるいはパリのいずれか一方で下すのではなく、両社が足並みをそろえて決定を下すことになる。ＲＮＰ

Oはヨーロッパ、日本、アメリカで購入活動を行う。スタッフは両社の社員で構成される。ルノーの購買部門担当役員がRNPOの会長兼マネージング・ディレクターを務め、日産の購買部門統括副社長が副会長を務める。エグゼクティブ・ゼネラル・マネジャーは日産の購買戦略部門のゼネラル・マネジャーが担当する。

RNPOの事業は、パワートレイン部品、車両部品、サービスおよび資材の三部門に分かれ、部門ごとにゼネラル・マネジャーを置く。三名のゼネラル・マネジャーはそれぞれ一七名のグローバル・サプライヤー・アカウント・マネジャー（GSAM）と一七名の副GSAMから成る組織を率いる。三つの部門は東京かパリにGSAMを配置し、パリにGSAMがいる場合は東京に副GSAMを置くという形をとる。GSAMと副GSAMはそれぞれ特定の対象品目を扱い、購買戦略の策定、サプライヤーの選択、品質・コスト・輸送に関するルノー日産両社それぞれの目標達成に責任を負う。

次に生産分野で達成されたアライアンスの成果を見てみよう。

二〇〇〇年にルノーと日産は「プロジェクト64」と呼ばれるプロジェクトの一環として、メキシコの日産クエルナバカ工場で日産の生産支援を受けた初のルノー車、セニックの生産を開始し、二〇〇一年一月に発売を開始した。メキシコで発売されたこの初のコンパクト・ワンボックス・カーによって、一九八六年にメキシコ市場を撤退したルノーは見事な市場復帰を果たした。第二弾として市場に登場するクリオは、メキシコ中部にある日産アグアスカリエンテス工場で生産し、二〇〇二年初頭に発売の予定である。

メキシコ市場が選ばれたのは、両社にとって理想的な状況だったからである。両社は最初から積極的に協力した。ともに相手を補完できる技術を持っていた両社は、互いに最も良い部分を提供し合った。メキシコでの日産の過去の経験は貴重だった。日産はメキシコ市場を熟知し、顧客の期待や要求も分かっていた。

モカール・ホンマン率いるメキシコに渡ったプロジェクト・チームは、日本人とフランス人のエンジニア二二名で構成されていた。さらにパリと東京の一三〇名のエンジニアが支援とバックアップを行った。このプロジェクトは生産活動におけるルノーと日産間のシナジーの基礎を作った。しかし、そこに至るまでには、両社はプロジェクトを頓挫させかねない試練を克服しなければならなかった。

プロジェクトを開始するやいなや、彼らは異なる文化の混成チームゆえの問題に突き当たり、コミュニケーションを改善する必要に迫られた。また、シナジーを確保するために、生産のルールをもっと融通の利くものにしなくてはならなかった。その一環として、資材関係の書類をフランス語から日本語に翻訳したり、ルノーのデータベースから日産のデータベースへデータを転送したり、何よりも計画や実行をめぐってのフランス人と日本人の違いを調整しなければならなかった。彼らは粘り強く問題を克服し、実行可能な計画を作り上げた。こうした作業に使われた言語は英語とスペイン語だった。

このプロジェクトが成功したのは、メンバーが両社の文化を車両生産に活かすことをためらわなかったからである。どちらかが自分のやり方が優れていると考えたり、単一文化思考にとらわれていたら、プロジェクトの離陸はあり得なかっただろう。

アイデンティティとシナジー

提携話がまとまった時点で、私たちは日産にもルノーにも、それぞれのアイデンティティが存在すること、そして提携によってそれが損なわれる危険があることを知っていた。もちろん、会社にとってアイデンティティがいかに大切かも承知していた。だから、私たちは別個のアイデンティティを守りながらシナジーを生み出していかなければならなかった。

アイデンティティを過度に重視するとシナジーを生み出すことが難しくなる。逆に、シナジーばかりを重視してアイデンティティを軽んじれば、モチベーションを損なうことになる。

私の経験では、企業の持つ、あるいは育むべき最も大切なものはモチベーションである。モチベーションは会社のすべてを左右する。そして、モチベーションはアイデンティティと帰属意識から生まれる。社員は自分の会社を大切に思い、会社に帰属感を感じられるようでなくてはならない。そうでなければ、残業したり、昼夜を徹して問題に取り組んだりしない。

モチベーションの源たるアイデンティティが失われれば、ことなかれ主義がはびこり、業績に悪影響が生じる。日産とルノーについて言えば、社員は自分がどちらの人間なのか、誰のために働いているのか分からなくなる。日産の社員なのか、ルノーの社員なのか、それともどっちつかずの状態なのかと思い悩むことになる。アライアンスにはこの種の両義性を持ち込むべきではない。私たちは両社のアイデンティティの維持にとりわけ配慮をしている。

ルノーと日産のアライアンスは緒に就いたばかりである。両社を結ぶ橋はいまだ建設中で、注意深い監視の下で、アイデンティティの維持とシナジーの創造を目指している。ルノーから日産へ、日産からルノーへと人材が行き来し、少しずつ新しいビジネス文化が創られていくことだろう。

アライアンスの未来

ルノーと日産のアライアンスは、状況がもたらしたものであることを忘れてはならない。ルノーにも日産にも、この提携をどちらかが強要したものだと考えている者はいない。

日産が負債の返済に現金を必要としたため、ルノーはその株式の三六・八パーセントを購入した。日産には他の選択肢はなかった。日産を窮地から救い出すことができる立場にいたルノーはと言えば、グローバル企業の仲間入りを果たすためにパートナーを必要としていた。ルノーは日産を買い取っただの、日産が復活した暁にはルノーを買い取るつもりだのといった憶測は、このアライアンスの主眼を見誤っている。

アライアンスの基本合意文書には、将来的に日産がルノー株を取得する可能性についても記載されている。日本に、日産のルノーへの投資はいつごろになるかについて、うがった見方があることは知っているが、こうした見方にはもう少し慎重になるよう忠告したい。

日産にはまだ返済しなければならない巨額の負債が残っている。コア・ビジネスには新技術や新製品の開発に莫大な資金が必要な分野も数多く残っている。ルノー株を購入するとなると、苦労して稼ぎ出した、本来ならこうした分野に回さなければならない資金を注ぎ込まなければならない。そんな時期にルノー株取得という挙に出るのは賢明とは言えない。

ルノー株の取得は日産の一部の人々の感情的な問題だということは理解できる。しかし、私たちはビジネスの世界にいるわけで、感情に引きずられた決断はすべきではない。決断は価値創造と優先順位の観点から行われるべきだ。そして、現在の日産の最優先課題はコア・ビジネスの再建なのである。いつか日産はルノー株を購入できるかもしれないが、その決断はあくまでもビジネスの観点から行わなければならない。

23 ―マネジメントの変革

リストラというと、人員削減や資産売却と同義語と考えがちですが、私は、カルロス・ゴーンが社員の思考や行動をリストラ、再構築したと思っています。実際、その成果は社内のいたるところに現れています。これが彼の最も優れた業績と言えるでしょう。

――松村矩雄（日産取締役副社長）

NRPの本質は意識革命

日産再生の根底には、人々の思考様式《マインドセット》の変化がある。工場閉鎖や系列取引の見直しといった数々の措置は、思考様式の変革の結果である。日産の人々は新しい思考様式に基づく新しいマネジメント・スタイルを受け入れた。

経営陣は、古いしきたりや慣習にのっとった意思決定に代えて、客観的な現状認識と明確な優先順位に基づく意思決定を求められることになった。役員たちは、自分の責任範囲内で任務を遂行し、進捗状況を監視し、優先順位に目を光らせ、期待された成果をもたらすという責任を負っている。

私が来るまで、日産のトップ・マネジメントは会長、社長、複数の副社長で構成されており、CEO（最高経営責任者）、COO（最高執行責任者）、CFO（最高財務責任者）といった役職は設けられていなかった。塙義一と経営委員会は、意思決定のスピードアップを目指して、取締役の人数を三七名から一〇名に削減し、役員のトップにCEOとCOOを設けた。現在はCEO、COO、EVP（副社長）、SVP（常務）などの役職が設けられている。

ちなみに、私の肩書について、日産には当初、「第一副社長」という案もあったらしいが、「第二副社長」がいるわけでもないのにおかしいのではないかというもっともな意見が出て、最終的にCOOという肩書が採用されたのだそうだ。

日産の役員は日産生え抜きのグループと、政府からの天下りや銀行出身者で構成されていた。役員削減策を受けて、多くは私の就任前にすでに退任していたため、私個人はほとんど面識がない。役員数の削減も役員の新しい肩書も、私の意向を反映した結果だと受け止めている人が多いが、事実に反する。私が日本で最初に仕事をした経営委員会の人選は塙義一が行った。彼は事前に私の意向をたずねてきたが、誰ひとり知る人がいなかった私は、すべて彼に委ねた。日産がルノーと力を合わせて新しい道に踏み出そうとしている時期だっただけに、このときの人選は重要だった。

これまで私は常に、引き継いだときにそこにいた人々と仕事をするよう心がけてきた。就任したとたんに人事を一新し、「さあ、心機一転新しいチームで出発しよう」などと言ったことはこれまで一度もない。首をすげ替えるよりも人々の思考様式を変えるほうが、私のやり方に適っているからだ。

もちろん、必要だと思えば動かすこともあるが、その場合も、なるべく通常の人事異動の手続きを踏んで行うようにしている。定年で空いた席に他のマネジャーを移す、長年ひとつの地位に留まっていた人を別の部署に移すといった具合だ。ただし、業績が思うように上がらない状態が続くようなら、確実に結果の出せるマネジャーと交代してもらう。

経営陣の全面的な刷新は、プラス面もあるかもしれないが、その分リスクも大きい。それは極端なやり方だと思う。私の場合はマネジメント・パラダイムのほうを刷新した。必要だったのは社内の人々のマネジメント能力を活かすことだった。個人的な信念や考え方は問わなかった。彼らの努力がなければ、日産復活に向けた早急なテイク・オフは望めないと考えていたからだ。

すべてを明るみに出す

経営トップや管理職たちの思考様式を変えるには、透明性が高くスピーディな新しいシステムが必要だった。そのようなシステムが導入されたことで、日産の人々はそれまで慣れ親しんできた階層型権力構造を、あらゆるレベルでクロス・ファンクショナリティが必要な新しいモデルへと転換しなければならなかった。そして、あらゆるレベルの人間にこのシステムの導入の根拠を理解してもらうためには、的確で分かりやすい説明が必要だった。

私たちは一致協力して日産の現状を把握し、明快かつ客観的な評価を下さなければならなかった。この段階では、心を開いて人の話に耳を傾けることが重要だった。つまり、ビジネスのやり方や文化的相違に対する先入観、客観的な現状把握を妨げるような考え方を排除しなければならなかったのである。

危機的状況下では、互いに隠し立てすることなく相手に誠実に接しなければならない。見えないところに隠したりせず、問題を真正面から受け止めることが大切だ。さもないと、後戻りして振り出しに戻ってしまう。

こんな笑い話がある。ピエールとヒロシがカナダでヘラジカ狩りに出かけた。二人は小型飛行機を雇って目的地に向かい、狩りに興じた。日が暮れるころ、二人は一頭の大きなヘラジカを仕留めて戻ってきた。パイロットはその大きさに驚き、「飛行機に乗せるには大きすぎますよ。これじゃ離陸できませんね」と言った。すると、ヒロシはこう答えた。「大丈夫だよ。去年も同じことがあったけど離陸できたから」。そこで彼らはヘラジカを積み込み、飛行機はヒロシが請け合った通り、離陸に成功した。

しかし数分後、機体が音を立てて揺れだし、森に突っ込んでしまった。幸運にもケガ人はなかったが、三人が機体から脱出するとパイロットがたずねた。「ここがどこか、分かりますか？」すると、ピエールが周囲を見回してこう言った。「分かったぞ。去年、落ちたところから五〇〇ヤードくらいのところだ」

この話が言わんとしているのは、不誠実に問題を隠そうとすれば、解決するどころか悲劇を繰り返すことになるということである。問題は表に出し、議論し、解決策を見つけなければならない。これが私が日産に来て最初にやったことである。

私は問題の原因に対する私の見方をみなに話した。問題は進歩への機会になる、ひとつ残らず石をひっくり返して日産の隅々まで拡大鏡のもとにさらさなければならないと主張した。

人々が問題について包み隠さず話したがらないのは仕方がないことだ。何か変化が生じたときに自分が犠牲者になるかもしれないと思うからである。経済学者のジョン・ケネス・ガルブレイスの言葉は、まさに沈滞している企業の雰囲気と状況を端的に言い表している。「考え方を変えるか、あるいはその必要がないことを証明するかという選択を迫られた場合、ほとんどの人は証明するほうに飛びつくものだ」

アウトサイダーの強み

マネジメントに外部から人を入れるという決断は、日産の一〇年に及ぶ低迷を打開する解決策だった。彼らは新しい考え方を吹き込み、新しいエネルギーをもたらす契機が必要だと痛感していた。外部からの人材招聘によってマネジメント・スタイルの抜本的な改革を敢行し、事業と企業カルチャーを刷新し、過去のしがらみを断ち切ることの意味を認識していた。

アウトサイダーを会社に迎える利点とは、その人物が会社に対する先入観を持たずに入ってくるところにある。この場合のアウトサイダーとは必ずしも外国人を指すわけではない。アウトサイダーなら、社内の人々が慣習やしきたりや人間関係に惑わされて、本来あるべき優先順位や責任をまっとうできずにいるなかで、冷静に物事を見つめることができる。そして、優先順位を組み直し、長年のあいだに定着してきた余分で無駄なやり方を切り捨てることができるのである。

二〇〇一年初頭に、日産の労働組合と春闘の交渉を行ったときのことだ。私は交渉半ばにして彼らの要求するボーナス額を承諾してみなを驚かせた。承諾したのは彼らの要求が妥当に思えたからだ。私は日産リバイバルプラン（NRP）が株主だけではなく、社員のためにもなることを示す意思表示をしようと考え、要求額に「OK」を出した。

ところが、交渉団のメンバーは、もう二週間ほどボーナス交渉を続けなければならないと主張した。「何のために？」とたずねながら、私はまだほかに要求があるのかと思った。すると、とくに要求はないが、あと二週間話し合って、決められた集中回答日まで待つのがいままでの手順だと言う。要求が通ったら、交渉を長引かせる理由はないはずだ。話し合うだけ無駄である。私たちには無駄なことをしている余裕はない。いままでこうしてきたからという理由だけで、それも何ら付加価値もないというのに、手続きに固執するというのは、私にはまったく解せなかった。

中央集権と権限委譲

当初、社員たちはすべての意思決定が中央集権化されるのではないかと心配した。しかし、彼らは少しずつ、私が二つの異なるマネジメントのアプローチを導入しようとしていることに気づき、理解を示すようになった。会社としての戦略と優先順位の設定、経営計画、重要な目標については権限を中央集権化した。意思決定は経営委員会レベルと社長レベルで行った。もちろん、経営委員会も社長も社内から上がってきた提案に基づいて決定を下すわけだが、決定はあくまでもトップが下す。

ビジネスプランの作成と重要目標の設定が終わったら、社長はそれを副社長と常務らに委ね、それ以降は彼らが責任をもってプランを実現させる。副社長らがあとから社長に質問したりアドバイスを求めたりすることはあるが、私は一貫してミクロ・マネジメントを拒否している。なぜなら社員の能力を引き下げ、業績をしぼませるからだ。とくに仕事のスピードを遅らせることになる。

日産の経営陣には、業務の執行を部下に任せるということは、制約のない全面的な権限委譲ではない、ということを認識してもらいたかった。業務の遂行を任せるということは、制約のない権限委譲をすることではない。会社には守らなければならないガイドラインや優先順位や重要目的があり、これが社員全員の活動や行動を導く。明確な戦略やガイドラインや優先順位もなく、権限だけを与えたりしたら、各人が別々に好き勝手な方向に進むことになるだろう。これでは個性も意欲も情熱もない会社になってしまい、部門間の衝突が多発し、領主同士が争う封建制度さながらの状態になるだろう。これでは会社の業績は上がりようがない。

そこで、私は全社員を統率する単一のリーダーシップの確立に努めた。それと同時に、私たちが進めると決めた計画を実行するために人々に権限を委譲した（あえて「私たち」を強調するのは、事業計画と長期計画はさまざまなレベルで多くの社員がかかわる仕事であり、会議や議論を何度も重ねなければならないからである）。

意思決定のルール

私が出席したあるデザイン決定会議を例に、このことを説明してみよう。重要な乗用車開発プロジェクトでデザインを決めるために、出席者全員が知恵を絞ったときの話である。会議の目的は五つのデザイン・オプションを二つに絞ることだった。その二つが次の会議にかけられ、最終デザインが決まることになっていた。

会議には五つのデザインが提出され、出席者全員でそれぞれのメリットとデメリットを議論した。最後に、異なる部門から集まった一二名が意見を出し、各人の専門的見地から推奨するデザインを発表した。出席者はデザイン、製品開発、マーケティング、エンジニアリング、営業などの部門から集まっていた。

もちろん、私自身も五つの車両デザインを検討し、自分なりの意見は持っていたが、みなの意見を聞く側に回った。一つ目のデザインは出席者全員一致ですぐに決まった。

ところが、二番目に優れたデザインを選ぶ段になると、今度は意見がバラバラだった。そこで、事態を収拾するために私は二つ目のデザインの選択を省き、その場で全員一致のモデルに決定することにした。この決断は全員がそのデザインを好み、納得できる議論を行ったという事実に基づいて下したものだった。

私は気まぐれな決断は下さない。会議でも、この形は気に入らないとか、この色やコンセプトは嫌いだと口をはさむことはない。仕事のプロセスが尊重されるように促し、関係するあらゆる意見を聞き、そして確固たるビジネスの論理によって決断を下すように心がけている。

意見の衝突があって合意に達しない場合は、社長が決断を下し、その理由を説明しなければならない。逆に、コンセンサスがあれば、全員でそれに従うことは会議の出席者全員にとって理に適っている。無駄な時間やエネルギーを注ぎ込む余裕はないのだから、これほど単純明快なことはないはずだ。

例に挙げたデザイン決定会議は、社長たる者はビジネスの要請に常に注意深くなくてはならないということを物語っている。社長は意思決定の場に参加する人々が顧客満足と収益性を忘れないよう促さなければならない、同時に、部下の意見を理解したうえで、自分の意見を確信を持って表明しなければならない。車のデザイン会議では、私は自分の好みとは関係なく顧客の嗜好に基づいて決断を下す。自分がそのデザインを好きならその決断は容易で、好みでなければ決断しづらいが、それでも私は決断するだろう。

このバランスをとるのは難しい。周囲をうかがってばかりいる名ばかりの社長では仕方がないし、かといって支配者となって意見や決断を押しつけるのも間違っている。会社にとって最良の決断を下すために、最良の中間地点を見出す努力を怠ってはならない。

マルチカルチャー企業への変身

日産は民族的な文化衝突という問題を社内に抱えていた。日本の日産とアメリカの日産のあいだには文化的な軋轢があり、イギリス人とスペイン人の衝突があった。文化衝突の行き着く先は能力とエネルギーの浪費だった。

文化的多様性を巧みにまとめるのは容易なことではない。日産では社員の態度と行動、そして、これまでの仕事のやり方を変革しなければならなかった。

文化の違いを失敗の口実や弁明に利用するわけにはいかなかった。文化衝突が起きることは予想できた。しかし、私たちはそれを障害とするのではなく、スピード促進のために活かすことにした。

文化の相違に甘えていたら、あんなに迅速にNRPを発表することはできなかっただろう。なぜなら、計画の基本的内容を定め、優先順位の確立に奔走したのは、主として日本の日産の社員だったが、北米やヨーロッパなど世界各国の日産の力もあったからだ。

しかし、文化的相違は弁解の口実になりやすい。いつ悪しき慣習に立ち戻らないとも限らない。どうすればこの退路を断つことができるのだろう。時代遅れの慣習と尊重すべき文化を区別するのもひとつの方法である。時代遅れの慣習の変革なら、文化を傷つけることなく遂行することができる。また、異文化融合を強いないという方法もある。無理に融合させずに、相違を認め、相違を仕事のあらゆる面に組み込んでいくのである。

私は日産における文化衝突は次のような方法で回避、あるいは少なくとも最小限に抑えることができると考えている。すなわち、業績重視のマネジメントを行う。明確なグローバル・ビジョンと共通の長期計画にのっとって考え、衝突を仲裁する。明確な戦略、正確なガイドライン、重要目標の枠組みのなかで国ごとに行動する権限を与える。

日産ではこれらすべてを導入した。その結果、地域ごとに独自の計画を作成してきたマルチリージョナル企業が、統合されたグローバル戦略を持つマルチカルチャー企業へと生まれ変わりつつある。

真のグローバル企業へ

日産は日本的要素と文化を持つ会社だが、正確には日本企業と言い切ることはできない。アメリカ日産のアメリカ人は、日産はアメリカの会社だと言うし、イギリス日産のイギリス人はイギリスの会社、メキシコ日産のメキシコ人はメキシコの会社だと言う。誰もが日産は自分の国の会社だと言う。

実際、日産はグローバル企業である。日産車の四分の三は国外で販売され、現在の株主の六〇パーセント以上が外国人である。社員のおよそ三分の一も外国人である。世界的にその名を知られ、各国の自動車市場に進出している日産に、どこの国の企業かと問うたところで何の意味もない。

日産は以前から世界各国の市場で事業を展開しており、ある意味ではグローバル企業だった。しかし、その運営は基本的に現地企業が行っていた。あらゆる事柄について、日本、北米、欧州などの現地日産がそれぞれ決断を下す仕組みになっていた。他地域の事業目的に対する実質的な理解やコミュニケーションは成り立っていなかった。たとえば、日本の日産には、アメリカやヨーロッパの購買部門がどのような目標で動いているかを正確に知っている人はひとりもいなかった。

この点を痛感したのは、一九九九年のゴールデンウィークに欧州日産社長と話をしたときだった。彼はこんなふうに話した。

「日産は技術志向の強い会社で、市場の要求は、ややもすれば、後回しになりがちでした。少なくともヨーロッパの要求には、十分応えきれていませんでした。ヨーロッパに投入すべき資源が不足していたのは事実ですが、一〇年、一五年前を振り返っても、お客様の立場に立ったマーケティングは十分ではなかったと言えるでしょう。かりにあったとしても、当時の日産車のラインアップを見れば、日産が国内志向の強い会社だったということは一目瞭然です」

そこで私たちはさっそく、北米と欧州の社長職を撤廃した。その代わりに、二人の副社長に北米と欧州のリージョナル・マネジメント・コミッティを率いさせ、毎月日本とのあいだを往復させることにした。過去の日産の経験から、地域ごとに社長を設けると、本社と地域のあいだでコミュニケーションや情報保持に問題が生じることが分かっていたからだ。この種の問題はグローバルなレベルの業績を損なう原因となる。

さらに私たちは各地域にリージョナル・マネジメント・コミッティを設立し、地域での意思決定を強化し、オペレーションおよび戦略の責任と担当を明確化し、各地域と本社のコミュニケーションの強化と、意思決定のスピードアップに取り組んだ。

マトリックス組織モデル

グローバルであり、地域別であり、かつ機能別であるという組織を作り上げるには、経営トップとマネジャーの思考様式の変革が必要だった。

以前の日産は、昔ながらの日本的なやり方で運営されていた。議論になりそうな問題を誰もが納得する形でオープンに話し合うことは敬遠され、解決の努力は舞台裏で進められた。問題が経営委員会にかけられることはあっても、そこで明確な決断が下されたり話し合われることはなく、結局はその問題を持ち出した部門に差し戻され、決着がつかないまま放置されていた。

そこで、私たちは新しいマトリックス組織モデルを導入した。日産が事業を行っている地域を日本、北米、欧州、その他の四つに分け、これを地域軸とした。それとは別に、職務内容によって日産をマーケティング・販売、商品企画、技術・開発、生産、購買、経理・財務、人事、コーポレート・サポートなどに分けて、これを機能軸とした。この二つの軸が交差してできるマトリックスに従って世界の日産を運営していこうというのがマトリックス組織である。

二つの軸があるために、社員は二つの責任を負う（二人の上司を持つ）ことになる。一人の社員は、自分の属する地域で収益を上げることと、自分の属する職務をグローバルに効率化し収益性を高めることの、二つの責任を持つ。このような組織では極めて高い透明性と絶え間ないコミュニケーションが必要となる。

ここで、地域マネジャーと職務を統括するプログラム・ディレクターが、どのような話し合いを行い、どのような結論に達するかを、具体的な例を挙げて説明しておこう。

地域マネジャーは、担当地域の毎年の収支とその年の必達目標に責任を負う。たとえば、松村矩雄《のりお》副社長の場合、地域軸での担当はカナダ、アメリカ、メキシコを含む北米事業である。彼の責任には同地域のマーケティングと販売、購買、生産などすべての業務が含まれる。

一方で松村副社長は、機能軸では、グローバルな販売・マーケティング部門を統括するプログラム・ディレクターであり、この部門の中長期の効率と改善の責任者でもある。そのため、彼と彼のチームは、適切なマーケティング戦略、戦術、方法、新しいツールを考案しなければならない。たとえば、向こう五年間の一台当たりの総流通コストの削減が彼らの主要任務である。

二つの軸で何か問題が生じた場合、地域と職務のあいだで常にコミュニケーションが取れていなければならない。松村副社長は、自分が統括している北米事業部と販売・マーケティング部門のあいだで何らかの問題が生じた場合は、自分の責任範囲内で直接解決にあたることができる。

しかし、自分の地域と他の職務、たとえば購買部門とのあいだで問題が発生した場合、彼はグローバルな購買部門のプログラム・ディレクターと話し合わなければならない。たとえば二〇〇〇年、彼が欧州担当だったとき、ユーロ安とイギリス市場の競争激化で営業費がかさんだことが原因で、欧州市場で難問にぶち当たった。このままでは欧州での収益は確保できなくなると懸念した松村副社長は、グローバル規模で購買部門を統括するプログラム・ディレクターである小枝至副社長のもとを訪れ、この問題について話し合った。「小枝さん、ヨーロッパにおける購買コスト削減目標を引き上げてもらえませんか」。こうして二人は、小枝のサプライヤー戦略を損なわずに松村の収益目標が達成できるように、さまざまな解決方法を話し合ったのである。

かりに二人が折り合えなかった場合、問題は経営委員会に提出され、社長が議長を務めるその場で最終的な決定が下されることになる。可能な限りのコスト削減と品質向上、収益の最大化を目指すグローバル企業を運営するうえで、各レベル、各職務、各地域での透明性と情報伝達は必須要素である。問題は速やかに公開し、対処しなければならない。

実際、問題の隠蔽を許さず、すべての行動と決定に透明性が要求されるマトリックス組織に戸惑っている人も多いだろう。

地域マネジャーが自分の必達目標を達成できなければ、プログラム・ディレクターも目標を達成できなくなる。目標に到達できなければ、給料やボーナスはもちろんのこと、本人の総合的な評価にまで響いてくるため、プログラム・ディレクターは事態を深刻に受け止め、この問題について地域マネジャーと話し合うことになる。地域マネジャーも同じ状況にある。このように、現在の日産の組織モデルは、あらゆる問題や対立を表面化させることで、会社の成長を確かにする解決策を導き出そうとしているものである。

支持されたマネジメント・スタイルの変化

この章で述べたことは、私たちが進めている幅広いマネジメント・スタイルの変革の一部である。一連の変化は全社員が知っている。定期的に行っている社内調査では、マネジメント・スタイルの変化が圧倒的に支持されているという強い感触を得た。日産は一九九八年以来毎年、従業員三万人（マネジャー七〇〇人を含む）を対象に社内調査を行ってきた。最近の調査は二〇〇〇年に行われた。

意思決定、責任、コミュニケーション、ビジネス・ナレッジに関連する質問の答えを読むと、私たちが進めていることが社員に理解され、評価されていることが分かる。

新しい日産流マネジメント・スタイルが、正規のマネジメント・スタイルとして完全に受け入れられるには、それなりの時間がかかるだろう。しかし、ありがたいことに、最も保守的な立場に立つマネジャーでさえ協力してくれている。役員全員がこの新しいマネジメント・スタイルを支えようと努力している。

もちろん、全員が手放しで賛成というわけにはいかない。疑問を感じている人もいる。しかし、ひとりとして以前のマネジメント・スタイルへ戻そうと言い出す人はいない。

24 ——人間こそ日産の強み

カルロス・ゴーンにかかれば、誰にでもチャンスが訪れます。彼には才能を、それもとりわけ若い才能を見抜く、まれに見る力が備わっています。
——ベルナール・ヴァドゥボンクール（ミシュラン経営委員会メンバー）

強い人材の作り方

日産には数々の誇るべき長所がある。日産はグローバル企業であり、世界の頂点に立つ生産システムを持っている。パワートレインなどの重要分野では、最先端テクノロジーを誇り、技術分野における競争力を持っている。

しかし、それらすべてに勝って、私は日産の最も優れた強みは人材だと考えている。彼らには誇りがある。ルノーとの提携調印に見られるように、勇気と先見性を備えている。そして、会社を困難から救い出し、再び競争力のある強い企業へと作り替えるために貢献し、奮闘し、見事な成果を収めている。

それができたのは、みずから高い目標を掲げ、自分で自分にプレッシャーをかけて働いているからだ。確信を持って断言するが、他人からプレッシャーをかけられたときよりも、自分で自分を駆り立てるときのほうが、人は遥かに大きなことをやってのける。

私はミシュラン時代に、得難い体験を二つさせてもらった。ひとつは、若いうちに大きな責任を任され、やり遂げたことである。それが可能だったのは、私に特別な才能があったからではない。教育や訓練を受けてしかるべく準備ができている若者なら、同じような状況に置かれたときに、誰でもやり遂げることができるはずだ。方法は違ったかもしれないが、正しい指導を受けた若い才能ならきっとやり遂げるに違いない。

二つ目は、フランソワ・ミシュランが私に全面的な権限を与えてくれたことである。彼は肩越しに覗き込んで、毎月の数字や何かを細かくチェックするような人間ではなかった。彼はただ私の好きなようにやらせてくれた。そして、自分の周囲の人々に、彼が私を信頼していることを、私にすべて任せているということを伝えてくれた。これは私にとって非常に大切なことだった。

多くの人が、私がいかに一所懸命仕事をするか、どれだけ身を粉にして仕事に専心するかについて語っている。だが、私は誰かにそうするよう強要されたわけではない。まだ若い、早い時期に、「君に任せた」のひと言で過酷な状況に放り込まれたことがプラスに働いたのだと思う。「君には立て直す力があるはずだ。行って立て直してこい。助言が必要なら私はいつでもここにいる。しかし、君なら何をすべきか分かっているはずだ」

これは人を動かし、会社を率いる方法として、実に適切な方法である。戦略を中央集権化し、ガイドラインや基準を確立し、重要な目標を明確に示し、長期目標を立てる。この作業が終わったら、しかるべき担当者を選んで、あとはそのチームにバトンを渡して走らせればいい。いちいち口を出したり、覗き込んだりして、ミクロ・マネジメントに陥ってはならない。彼らの仕事は彼らに任せ、業績だけをフォローする。少しでも道からそれたときは、修正できるように手を差し伸べる。しかし、普段から彼らにつきまとって時間を浪費してはいけない。自分たちで解決する猶予を与え、彼らを信頼することだ。単刀直入に接し、ずばり大きなことを要求する。これが目標達成を促す最良の方法である。

私は周囲の人々に、かなりの裁量権を与えている。そのことを分かってほしいと思っている。何かについていったん承諾したら、私はすべてを彼らに任せる。任せて大丈夫だという感触を得たら、あとは結果を待つだけだ。

仕事の方向がそれ始めたら、出て行って「どうなっているのか?」とたずねる。私が現れる場所は、たいてい何か問題がある場所である。どこで問題が発生していようと、社長はそこにいなければならない。

しかし、社長は審判になってはいけない。審判ではなくコーチのように、必要に応じて選手をサポートするのだ。どうやればいいかを知っている必要はあるが、その方法を細かく教えるべきではない。それが、これまでの私のやり方であり、現在、日産で行っているやり方である。

社員の業績に報いるべく、私たちは報奨や昇格などのインセンティブ制度を設けている。この制度は必達目標と努力目標の達成度について明確な基準を設けており、査定や報奨金、昇格などは必ずこの基準に従って行われる。

インセンティブ制度には、マネジャーに対するストック・オプション、個人目標および全社目標の達成度に応じて決まるボーナス制度、年齢も性別も国籍も問わない業績と能力だけに基づく昇格も含まれている。マネジャーへのストック・オプションとボーナスは、営業利益と売上げに直結している。

あるレベル以上の管理職の昇格については、国の内外を問わず、必ず人事諮問委員会で候補者の貢献度が検討される。検討にあたって問われるのは「会社の成長、収益、コスト削減に対する貢献度」である。候補者が過去数年間で達成した業績、あるいは会社にもたらした特定の貢献がおもな検討基準となる。

成果主義のマネジメント・システムは、社員がそれぞれの目標を達成するための建設的な方法と言える。社員に自分のゴールが何かを理解させ、ベストを尽くすために適切な訓練を受ける機会を与えるなら、彼らは障害を克服して目標を達成することに自信を持つようになる。

チャレンジを忘れてはならない

読者の中に自動車業界で自分の力を発揮したいと思っている若者がいるなら、日産のことを考えてほしい。ただし、ゆったりと居心地のよい職場で、毎日同じ仕事を繰り返し、年とともに出世していくような会社を望むなら日産はお勧めできない。

しかし、いまだ工事中で数々の難題を抱えながらも、創造性や革新性を存分に発揮し、さまざまな仕事を達成する機会を与えてくれる会社を探すなら、ぜひ日産に来るべきだ。日産には技術力もあるし、デザイナーたちもいるし、名前もあるし、すべてある。しかし、いまだ工事中であり、復活とルノーとのアライアンスを強化するプロセスの渦中にある。

日産では、野心と能力があり、進んで仕事に没頭し、ある種のリスクを引き受ける意欲のある人材にはキャリアを高める機会がふんだんに与えられる。ここでは、古い習慣を駆逐し、新しい姿勢や新しいマネジメント・パターンを取り入れる社員たちとともに働くことができる。

日産には他社からの人材の招聘を妨げる要素は何ひとつない。変革の時期、危機の時期には、外国人に限らずアウトサイダーのほうが優位に立てる場合が多い。これといった経験も業績もないアウトサイダーは論外だが、人と競える力を身につけているなら、むしろアウトサイダーのほうが変革に貢献しやすいと言える。

日産に来れば、大きな機会を求めて未知の海に船を漕ぎ出した、昔の探検家のようになれるだろう。リスクは大きいが、人生や仕事への計り知れない見返りを存分に味わうことができる。完璧を追求しても到達することはできないだろうが、追求することそのものの中に報いがある。

ここで読者に転職の勧めをするつもりはないが、長い職業人生の中では、一回や二回の進路変更はあってもおかしくない。もちろん、勤めている会社を去るという決断は簡単に下せるものではない。

私もミシュランを辞めるときにはずいぶんと気持ちが揺れた。私には、ミシュランに留まってもいずれは同じ仕事の繰り返しになり、チャレンジ精神を発揮できる機会も限られていくことが分かっていた。それでも、自責の念があったし、辞めると決めるまでに長い自問自答を繰り返すことになった。もちろん、正しい決断を下したといまでは分かっている。

人と会社の関係は夫婦のようなものである。外からどうこう言えるものではない。関係の複雑さを理解しているのは当事者だけである。だから、当事者が決断したときはそれを尊重するしかない。留まるか、去るか、それは本人の問題である。辞めたからといって、あるいは留まったからといって、はたから非難することはできない。

私が日産に来てから二年半ほどのあいだに日産を辞めていった人もいるが、その数はそれ以前とほぼ同じである。辞めていった人の理由の多くは、独立して会社を設立するというものだった。自分で事業を起こすために辞めていく人たちに会うと、日産に留まってくれたらと思わないではないが、彼らの成功を祈るしかない。勇気ある決断だと思うし、私はその決断を尊重するし、彼らの選択が、彼ら自身のみならず社会全体にとって正しい決断であることを願うのみだ。

経験の心理的時間

ビジネスの世界では、会社の業績にどれだけ貢献できたかがゲームのすべてである。このゲームに果敢に挑戦し多く貢献した者には、将来、大きな機会を与えるべきである。私は、年齢、性別、出身を問わず、高い潜在能力を持ち、記録的な業績を残した有能な人材には、常にマネジメントへの道を拓いておくべきだと思っている。

日産自動車の社長に四〇代の日本人が就任したとしても、私はまったく問題はないと思う。もちろん、その仕事にふさわしい能力、ノウハウ、性格は必要だが、そうした資質は過去の業績や貢献度を見れば一目瞭然に判断できる。貢献度以外で判断しようとすると、出身大学や特定のグループとの関係といった主観的な基準を持ち込むことになる。しかし、過去の業績と会社への貢献度に基づいて判断すれば、主観的要素が減り、納得できる人選ができるはずだ。

最も過酷な状況でどのように対処したか。これが人物評価の有効な方法のひとつである。困難を極めた状況をうまく切り抜けることができたなら、その人の能力は実証されたとみてよい。そのような人材に対しては、ますます責任の重い地位を与えていくのがよいだろう。しかし、正常または有利な状況でしか業績を上げていないなら、その能力には疑問が残る。

重視するべきは年齢や経験ではなく、貢献度と業績の卓越性である。もし「管理職年齢」というものがあるとすれば、それは勤続年数ではなく、経験の密度、さまざまな状況下での貢献度、とりわけ困難な状況下での貢献度に基づいて判断すべきである。

これは言わば心理的時間と物理的時間の相違のようなものだ。これといって達成したことも学んだことも頭に残っていないような空虚な数週間、数か月がある一方で、数分あるいは数日でしかないにもかかわらず、何年にも相当するような濃密な時間もある。

ビジネスもこれと同じで、深刻な状況下で体験した数年は、はっきりと思い起こすことができるものだ。それは何事もない正常な状況の一〇年とか一五年に相当する。困難な地に赴く機会を与えてくれる会社で働けば、密度の濃い時間を経験することができる。その経験は、その人の能力を高め、最高の責任を果たすのにふさわしい人間へと成長させてくれるだろう。

日産ドリーム・チーム

日産に来てまもなく、私は社員たちにいま日産で起こっていることについての考えをフィードバックするよう要請した。新しい経営委員会について、新たにルノーからやってきた人間について、どう感じているのだろう？　私は彼らの不安や期待を知ろうとさまざまな質問を投げかけた。

私は社員から寄せられたコメントすべてに目を通した。すると、フランス人たちがやってきたことに戸惑ったり、「コスト・キラー」の異名を持つカルロス・ゴーンが工場閉鎖と解雇を強行するのではないかと不安を感じたり、日産ははたして今回の危機を乗り越えられるのかと懸念している人たちがいることが分かった。誰もが自分なりの見方を持っていたのである。

何百ものコメントの中に、印象に残る意見がひとつあった。彼はこんなふうに書いていた。

「他の自動車メーカーには会社の特色を形作ったリーダーがいる。たとえばトヨタの場合、創業者とその一族の打ちたてたトヨタならではの特色を見てとることができる。ホンダにも創業者本田宗一郎の強い個性が息づいている。しかし、日産には社員全員が尊敬できるような人物はいない」

このコメントは胸にぐさりと突き刺さった。日産にも誇るべき歴史と先達があるが、これぞ日産という強い個性《キャラクター》があるかというと、確かにこの指摘通りというほかない。

現在、日産はコア・バリューの再構築に全力を挙げており、コア・バリューに基づいた優先順位を決定している。日産は強力なリーダーシップのもと、一歩ずつ日産の特色を作り上げているさなかだが、やがては日産社員たちの自動車業界への貢献が評価されるようになり、そこから会社の個性が立ち上がってくるだろう。

二〇〇〇年に私は『オートモーティブ・ニュース』のエグゼクティブ・オブ・ザ・イヤーに選ばれ、翌二〇〇一年にも選出された。二年連続受賞は異例のことだった。だが、言いたいのはそのことではない。

同誌は毎年、CEOのほかに購買、製造、マーケティングなどの部門別最優秀リーダーも選び、いわゆる自動車業界のマネジメントの「ドリーム・チーム」を発表している。二〇〇一年の購買部門ナンバーワン・エグゼクティブには日産の購買部門・欧州部門統括副社長である小枝至、製造部門ナンバーワン・エグゼクティブには北米日産の生産担当副社長エミール・ハッサンが選ばれたのである。これは私が二年連続でエグゼクティブ・オブ・ザ・イヤーを受賞するより遥かにすばらしいことだと思う。

二〇〇一年の受賞直後、私はアメリカの日産社員の一団と話をした。彼らは全員アメリカ人で、なかには勤続三〇年近い社員もいた。ある社員はこう言った。「日産に勤めて以来、わが社で

『オートモーティブ・ニュース』のドリーム・チームに選ばれた人などひとりもいませんでした」

　これは、日産が自動車業界に貢献しているという認識が定着しつつあることを示している。そして、日産社員が会社に対する自信を取り戻しつつあることを物語っている。社員たちは会社のコア・バリューと業績に刺激を受け、自分自身と会社に付加価値をもたらすようになった。日産の個性を作り上げているのは、このような社員たちなのである。

　ところで、私がCEOに就任したあと現在空席となっているCOOに就任するのは誰かという問題だが、名前を挙げるのは時期尚早である。日本人かアメリカ人かフランス人か、男性か女性かと問われても、国籍や性別は、業績や会社への貢献度といった基本的な基準に比べれば大した意味を持たない。重要なのは、競争の激しいグローバル市場で日産を引っ張っていくのに必要なリーダーシップを備えた適任者を選ぶことだ。そのためにはまだ時間がかかるだろうが、日本人が選ばれる可能性は十分に高い。

V部

家族・世界

25——親として

世間の知るカルロス・ゴーンの姿と、私の知る彼の姿には大きな隔たりがあります。子どもたちと一緒に撮った写真には、やさしい目をした、厳しさのかけらもない彼の姿が写っています。マスコミではタフ・ガイのように扱われていますが、新聞の写真とはまるで別人のようです。彼は子どもたちにはあくまでもやさしく接しています。——リタ・ゴーン

子どもとの時間

日産リバイバルプランの作成に着手した当初、解決策を見つけなければならない問題が山積し、一日中会議や議論に追われる日々が続いた。しかし、どんなに多忙を極めていても、家族と過ごす時間だけは必ず確保するように努めた。

わが家には四人の子どもがいる。キャロラインはブラジルで生まれ、ナディーヌとマヤとアンソニーはアメリカで生まれた。四人の子育ては、もとより母親ひとりでできる仕事ではない。妻

がその大半を担ってくれたとはいえ、私も家にいるときはできるだけのことをしてきたつもりだ。父親にとって子どもたちと一緒に過ごし、彼らに愛情と関心を注ぐことは大切なことだ。子どものころ、短い期間ではあったが父親と一緒に過ごし、ゲームなどして遊ぶのがどれだけ楽しかったか、私はいまでも憶えている。

私はいったん帰宅すれば、仕事は家に持ち込まない主義だ。手紙を開封したり、報告書を読んだりすることもなければ、eメールのチェックもしない。仕事はすべてオフィスに置いてくる。リタも子どもたちも、私が玄関を開けたとたんに家族の時間が始まることが分かっている。

子どもたちは私を日産の社長だとは考えていない。車に乗せてくれ、買い物に出かければ何か買ってくれる友達ぐらいに思っている。だから、一緒に出かけるときは「ダディ、このジーンズとシャツを着てよ」と言って、自分たちと同じような服を差し出す。そして、アンソニーは急いでおそろいの服に着替えに行く。私はあまりジーンズをはかないが、子どもたちと一緒のときは別である。子どもたちとのコミュニケーションを大事にしたいからだ。

家ではおもに英語で話している。アメリカでも英語を使い、フランスに戻ったときも子どもたちの英語力を保つために英語を使っていた。フランスでは友達との会話はフランス語だったため、家では英語で話すようにしていたのである。

日本に来てからは、インターナショナルスクールの友達とはほとんど英語で話すようなので、最近では逆になるべくフランス語も使うようにしている。さらに、学校に日本人の友達もいる関係で、日本語にも親しんでいるようだ。

判断力を養う

子どもたち、とりわけ成長期にある子どもたちには、愛情と思いやりが必要であり、安定感や家庭と学校の一貫性も確保してやらなければならない。

仕事上、私たちは都合四回の引っ越しを経験し、そのうち三回は子どもたちに転校を強いてきた。土地を移るということは、子どもたちに大きな負担をかける。私も子ども時代の経験から、隣人や学校の友達と別れるのがどれだけつらいことかよく分かっている。

子どもたちに安定した落ち着いた家庭環境を与えるために、リタと私は育児に多くの時間を割いてきた。子育てには子どもたちの判断力を養う基礎を作るという仕事も含まれている。そのためには、思考力を養うと同時に、彼らが何かを判断する際の確固たる基準となるような強い信念を共有しなければならない。その基準は、たとえば死や病気、成功、厄介事といった、人生に影響を与える状況がもたらす感情を子どもたちと共有することで培うことができる。子どもたちとこうした感情を共有することで、彼らが状況を解釈し、状況に対処するのを助けることができる。

言葉で言うのは簡単だが、実際には難しい。親というものは子どもに感情的に接しがちだが、子どもには子どもの言い分があり、言いなりにはならないものだ。親はこの点を肝に銘じて振舞わなければならない。子どもたちは親の所有物でもペットでもない。彼らはれっきとした人間であり、親には彼らを育て、やがて家を出て行く時期が来て人生を歩み出すときのための準備をしてやる責任がある。

子どもたちに自分と同じ信念や価値観を期待することはできない。むしろ、子どもたちが次第に自分自身の人生を求め、探求していくように導くべきである。旅立つときに、子どもたちが優れた判断力を発揮できるかどうかは、ある意味で育て方の問題である。

リタと私は、親が気遣っていることが伝わるように子どもたちに親密に接する一方で、彼らが自分で大事なことを判断する力を養うためにある程度の距離を置くようにもしており、二つの接し方のバランスをとることを心がけている。過保護にはしたくないので、子どもたちの生活に細かく口を出すことはしない。親なら当然子どもたちが常に正しいことをするように願っているが、何事も自分でさせるように仕向けている。私たちは子どもたちの裁量に任せる領域を与えながら、アドバイスや指導を行っている。子どもたちはいつか巣立っていくが、私たちはそのときに備えて親の役目を果たそうとしている。

学校教育について

家や学校での教育は、子どもたちに生涯にわたる影響を与える重要なものである。だから、私たちは子どもの教育にはとくに気を遣っている。学校で教わることと家で教えようとすることが食い違ってはならない。両者の落差が大きすぎると子どもたちが混乱するからだ。混乱は自信喪失や懐疑主義的な傾向を招き、不安感を抱かせてしまうことになる。

子どもたちの学校を選ぶとき、私たちは三つの点に留意している。一つ目は子どもたちに一定の安定感を与える学校であること。私たちは生徒への関心があまりない学校や、教え方に問題があるといった評判の学校は避けてきた。二つ目は教育水準が高いこと。生徒に厳しい要求を突き付け、最高の力を発揮させようとする教師がいる学校に通わせたいと思っている。三つ目は道徳教育と価値観を重視する学校であること。リタも私も、子供たちの教育にはとりわけこの点は欠かせないと考えている。

サウスカロライナ州のグリーンビルでは、少人数制で注意の行き届いたプライベートスクールに子どもを通わせた。パリではさまざまな国の生徒が集まる公立のインターナショナルスクールに入れた。パリで学校を選ぶときに考えたのは、子どもの英語力を維持することと多文化での教育環境だった。日本では、優れた教育水準を持つ、家庭と矛盾しない道徳教育を施してくれる学校を選んだ。

子どもたちは小学校や中学校で基本的な学問を授かる必要がある。教育水準は高ければ高いほどいい。教育は論理的・合理的思考力を養い、生徒に自分自身を明確かつ効果的に表現する方法を教えなければならない。

しかし小中学校レベルでは、勉強だけでなく、善悪や真偽を見分けること、自分を律すること、努力すること、そして努力した結果から学ぶことも教えなければならない。子どもたちが一日の大半を過ごす学校がこの種の教育を怠れば、子どもたちは人生に必要な備えをすることができない。

教師というものは、学識だけではなく人としても優れていなければならない。子どもたちが正規の授業で習うことは、教育全体から言えばごくわずかな部分にすぎない。教師が衝突や失敗にどのように対処するか、ふとした間違いと何度も繰り返す間違いをどのように区別するかは、責任のある大人になるうえでの教えになるのである。どんな子どもでも、大人のやり方を見て振る舞うことをいつのまにか身につけているものだ。

子どもたちに望むただひとつのこと

子どもたちの将来について言えば、私たちは彼らが無事成長し、自分らしく育ってくれることを願っている。彼らに願うのはそれだけである。私たちのようになってほしいとか、私たちが考える理想の人物、あるいは彼らが考えているかもしれない理想の人物になってほしいとも思っていない。彼らに言いたいのはこれだけである。

「私たちは見た通りの人間であり、完璧な人間ではない。私たちはたまたま君たちの親になったが、できる限り君たちを導き、助けようとしている。君たちはいつの日か独り立ちする。私たちは、その日のために自分を伸ばしていってほしいと思っている」

唯一私を失望させることがあるとしたら、それは彼らが能力を十分に発揮しなかったときである。私は彼らが能力を一〇〇パーセント発揮してくれることを願っている。

26——思考・言語・国

ゴーンさんは国籍という概念を超越しています。ほとんどの人が長いあいだ国家意識を持ち続けてきました。だから、私たちの見解が彼と異なることがあるのは無理もないことなのです。ときどき、私たちが心からは理解できていないということを、ゴーンさんがもう少し理解してくれたらと思うことがあります。——大久保宣夫（日産取締役副社長）

箸の持ち方とマネジメント

一九九九年夏、ＮＲＰ作成のための激務が続いていたころのある日、私は会社のカフェテリアで和食のランチを食べていた。日本にいるのだから日本食は箸で食べようと決め、私は箸と格闘していた。箸を使った私の食べ方はお世辞にも上手とは言えなかった。私は箸の下のほうを持ち、何とかしてご飯やおかずを挟もうとしていた。

食事中、私の前の席には、日産の元社長で当時は顧問を務めていた辻義文が座っていて、私のへたくそな箸使いを見ていた。

「ゴーンさん、箸はこういうふうに持つんですよ」と彼は言った。私は彼が正しい持ち方を示すのを見ていた。「ほら、こういうふうにね！」

そのときは、顧問ともあろう人がわざわざ正しい箸の持ち方を指導するなどというのも、どこか奇妙な感じがした。私の頭の中は期限の迫ったNRP作成をめぐるさまざまな事柄が渦巻いていて、箸の使い方どころではなかったが、辻は根気よく箸の使い方を教えてくれた。私は彼の言う通りにやってみたが、なかなか優雅に使いこなすことはできなかった。

このあと、私のオフィスに彼の秘書が包みを届けにきた。開けてみると、箸の正しい使い方を説明する図が入っていた。最初、私は信じられない思いで図を見つめていた。私たちはまさに厄介事のまっただなかで、会社再建の足がかりを得ようと苦悩していたからである。副社長たちはひっきりなしに難航を伝えるニュースを携えてオフィスの扉を叩き、リストラ・コストがかさむにつれて日産はさらなる負債の深みにはまり、改革は必ずしも思い通り迅速には進まず、黒字への見通しは暗かった。にもかかわらず、机の上には箸の正しい持ち方を示す図入りの説明書が載っていたのだ。

しかし、考えてみれば、本人は気づいていなかったと思うが、彼は人生の教訓を与えてくれたのかもしれない。すなわち、日々どのような問題に直面し奮闘していようと、日常生活のディテールをおろそかにしてはならないという教訓だ。私を取り巻く日本人社会の中で人々に良い印象を与え、日本ではできる限り日本人と変わりなく振る舞いたいと願っていることをさりげなく示したいと思うなら、箸を正しく持つことは大切なことだったのだ。

この出来事は、食事の際に箸の持ち方をおろそかにできないのと同様に、会社を率いていくにはどんなに些細なことでもおろそかにできないという教訓を与えてくれた。

思考と言語

私の多様な文化的背景と操れる言語の数を知って、よく何語で考えるのかとたずねられるが、これは難しい問題である。思考プロセスと言語を結びつけるのは、ひとつの言語しか話さない人々にありがちな考え方だからだ。

あくまでも私見だが（言語学者の見解はきっと違うだろう）、実際のところ、人は言語で考えることはしていないと思う。言語は思考がまとう衣裳のようなものだ。言い換えれば、言語は思考に形と感触を与えるものである。

たとえば、会議でこんな経験をする。話に夢中になってメモをとり、あとから見ると、そのときはまったく意識していなかったのに英語とフランス語が混在している。もちろん、それには出席者が何語で話すかも影響している。その人がポルトガル語かスペイン語で話せば、私は無意識のうちにその言語でメモをとるだろう。しかし、中国語だったら途方に暮れ、はなからメモもとらないだろう。

私には思考の形と感触——英語であれフランス語であれ、他の何語であれ——は非常に重要である。たとえばスピーチを行うとき、私は誰かに原稿を準備してもらうが、まず自分の話したいことを伝えて草稿を書いてもらい、それに手を入れて、一語一語に自分が必要と思う意味と形と感触を与えていく。

私には何語で考えるのかという問いは的外れに思える。言語についてたずねるなら、次のように問うべきである。

「その問題について語るとき、あなたが選んだその言語で、どれだけうまく意思が伝わりますか？　メッセージははっきり伝わりますか？　もっと肝心なことですが、あなたの話には意味があるのですか？」

日本語について

残念ながら、実際に日本語の勉強にとりかかったのは日本に来てからである。いまのところ、しゃべれるのは簡単な会話程度だ。日本語を習得するには時間が必要だ。初歩の日本語では社長も務まらず、仕事の話もできないし、会議を開くわけにもいかない。

しかし、日産で通訳を介して話さざるを得ないのは私には非常に不満である。コミュニケーションはある意味で直接的なもので、あいだに何かを介せば力が失われる。日本語で話しかけられて意味が分からなければ、私は欲求不満に陥る。

先にも述べたように、私は言語というものは思考の衣裳のようなものだと考えている。思考が他の言語で通訳されれば、衣裳の何らかの手触りが失われる危険性がある。通訳された側の人間には通訳者が伝えたことしか伝わらない。

コミュニケーションには表情や身振り手振り、そして、文化的側面も含まれるが、いかに熟練した通訳者でもメッセージ全体を伝えることはできないに違いない。

しかし、日産の社長という立場上、通訳者を介して話さなければならないというのが現実である。人々が話の内容を理解したと思っている場合でも、通訳の役割は重要である。言語力のレベルに差があれば、誤解が生じやすくなるからである。私はこの誤解をできるだけなくすために、微妙な言い方ややややこしい言い方は避け、なるべく簡潔に自分のメッセージを伝えるよう心がけている。通訳者の仕事はメッセージの本質的なエレメントを明確に伝えることにある。これができなければ、私のメッセージが伝わっているという保証はなくなるからだ。

通訳が必要な会議に出席するのは忍耐力を要する。私のように単刀直入に問題の核心に踏み込むタイプの人間にとってはなおさらである。答えたり話を聞くたびに通訳の言葉を待つのは忍耐力を試されているようなもので、相手の日本人にとっても耐え難いことだろう。いまはかなり慣れてきたが、通訳を介すことで仕事のスピードが落ちていることは確かである。

最近、日本人の聴衆相手に日本語で書かれたスピーチを読む試みに挑戦してみた。もちろん事前に、どう発音するのか、どこにアクセントを置くか指導を受けたが、聴衆には通訳を介するよりもうまく伝わったような気がする。この方法は時間の節約にもなるうえ、私の日本語の勉強にもなる。

いつになるか見当もつかないが、いつかは日本語で自分の思いを伝えられる日が訪れるだろう。

歴史への興味と教師になる夢

子どものころ将来何になりたかったかと聞かれれば、歴史の教師と答える。一四歳のころには古代史、現代史、各国史に至るまで、およそ歴史に関する本なら手当たり次第に読破した。当時のクラスメートたちからは、いずれ歴史と地理の専門家になると思われていた。数学や科学の成績も悪くなかったが、何よりも歴史が好きだった。

そのころ母方の祖父母も、かつて暮らした西アフリカのナイジェリア周辺について、そこに住む部族や彼らの習慣、言葉、暮らし方などについてよく話してくれた。ナイジェリアの二つの大きな部族、イスラム教徒のハウサ族、キリスト教徒のイボ族間の戦争についても教えてくれた。戦いや流血の惨事にまつわる話は子ども心に私の想像力をかきたてた。中世ヨーロッパの物語をたくさん読んでいた私は、自分で十字軍を率いて戦いに赴くところを思い浮かべたものだった。

いま思えば、祖父母が語り聞かせてくれた物語は、文化の衝突で人間の命や才能を無駄にしてはならないという教訓を植えつけてくれた。世界はさまざまな人々、文化、言語に満ちた複雑な場所だが、その複雑さの殻を破りさえすれば、人は誰でも未来に同じ夢を持ち、同じ不安を抱いているという単純な真実がそこにある。だが、そのような複雑な世界を理解するには、そのころの私はまだあまりにも幼かった。

いつの日か教室いっぱいの生徒を前に教えたいという夢を持つようになったのには、イエズス会系の学校で出会った先生方の影響もある。学校に通い出したころから、子どもたちの勉強や生活に与える教師の影響力というものを感じていた。いちばん尊敬していたのは、人にものを教えることに真剣に取り組んでいる先生たちだった。彼らは生徒の勉学への注意力を持続させるための努力を怠らなかった。彼らの持っていた生徒を惹きつける力は、類い稀な貴重なものだった。

人に教える仕事に定年はない。だから、私にもいつの日か教師になる日が来るかもしれない。いずれ年をとり、あるいはビジネスの世界は十分堪能したと思える時期が来て、人を教える立場になったときにいまの仕事は大いなる糧になるだろう。

教えることと教育は私にとってはいまでも重要なことである。私はいろいろな意味で教師を尊敬しており、多くの大学とかかわりを持っている。現在私は、サウスカロライナ大学諮問委員会の一員であり、レバノンのベイルートにあるフランス系大学、サン・ヨセフ大学と母校のエコール・デ・ミーヌの理事も務めている。

これまで教育というものと縁が切れたことはない。事実、企業のトップ・エグゼクティブとしての仕事にも、多かれ少なかれ学んだり教えたりという要素が必要だと思っている。

私の国

私はとにかく忙しく動き回っているのが好きな人間である。だから、仕事ができるうちは仕事を続けていくだろう。現時点では、引退して泰平楽を決め込んでいる自分の姿は想像できない。妻のリタも私の仕事好きについてはあきらめているようだ。

これまでの人生で私は多くの引っ越しを経験してきた。六歳のときにはブラジルを離れてレバノンに移った。その後何度となくブラジルを訪れたが、もはや定住者とはみなされなかった。ベイルートでは一六歳になるまで一〇年間暮らした。その後ひとりでパリに移り、一九七一年から七八年までパリで過ごした。そして、ミシュランに入社してからは一度はブラジルに戻り、次いでアメリカに渡り、ルノーに移ると同時にパリに戻り、現在は東京で暮らしている。

いろいろな国で暮らしたせいか、よくこんなふうにたずねられる。

「あなたはどこの国の人ですか？　ブラジル人、レバノン人、フランス人、アメリカ人、それとも日本人？　自分の国だと感じるのはどこの国ですか？　ご家族はどう感じていますか？　お子さん方は自分がどこの国の人間だと思ってますか？」

この種の質問に対する答えは、リタも私とまったく同じである。

「いままで暮らしたすべての場所を全部合わせたのが自分だと感じています。カルロスも私も、いままで暮らした土地すべての最良の部分を取り入れたのです」

マスコミは必ず私を「ブラジル生まれのレバノン系」と書く。たしかにその通り、私は二つの国にある自分のルーツを大切にしてきた。他の南米諸国と同様、ブラジルの場合も、いったんブラジル人として生まれたら、その後どの国で暮らそうと、他国の市民権を取ろうと、一生涯ブラジル人である。一方で私はフランスの市民権を持ち、フランスのパスポートで旅行するが、実際のところ私は特定の国籍を意識したことはない。

私はどこが快適か、どこで寛げるかという基準で考える。同じブラジルでも、ポルト・ベーリョや他の土地で暮らしたら快適とは感じないだろうが、リオデジャネイロを快適に感じるのは両親が暮らし、たくさんの思い出がある場所だからだ。アメリカなら家族と過ごした記憶と切っても切り離せないサウスカロライナ州のグリーンビルだ。下の三人の子どもたちはここで生まれ、リタも強い帰属感を持っている。パリが心地よいのにはいくつか理由がある。まず、学生時代を過ごしたこと、そして最高に楽しく豊かな一人暮らしを体験したことだ。そしていま、東京は日本の人々があるがままの私を受け入れてくれるので、とても居心地よく感じている。

私たちが日本に暮らし始めた最初の年、妻は冗談でこんなふうに言った。

「カルロス、あなたを日本から引き離すことなんて、とうていできそうもないわね。日産と日本にのめり込んでいて、私が言ってあげなきゃ自分が外国人だってことを忘れているんじゃない？」

そういう妻も日本が大好きだ。日本に来るまでは、日本人は外国人に対してあまりフレンドリーではない民族で、外国人には住みにくいと言われてきたので、実際に来てみて驚いたようだ。このごろでは一生暮らしてもいいと思えるようになったと言っている。

子どもたちも日本が大好きだ。どこの国であれ、両親が楽しく暮らしていると分かれば、子どもたちもじきに順応できるのだろう。引っ越しの多い暮らしをさせている親としては、子どもたちが暮らした場所すべてにルーツがあると思ってくれればうれしい

さて、最も居心地がいいのはどこかと訊かれれば、実際に暮らしてきたすべての場所、とりわ

私のなかでは、日本と答えるだろう。私は多様な文化を持つ人間だと言われるが、その通りである。私のなかではさまざまな文化や場所が結びついている。だから、自分の子どもたちをえこひいきしないのと同じように、どこがいちばんとは言えない。どこも同じように愛着があり、比較することなどできない。とりわけ大切に思う文化や場所があるかと言えば、そうではない。いずれもそれぞれに特別でかけがえのないものである。

「わが家だと感じるのはどこか」と訊かれれば、「家族がいるところ」と答えるだろう。

エピローグ――私の闘いは、これから始まる

現在、日産リバイバルプラン（NRP）は折り返し点を過ぎて、最後の年となる三年目に向かって進んでいる。二〇〇〇年度の決算報告で発表したように、日産はER（緊急救命室）から回復室へと移ったが、いまだ完全に回復したとは言えない。私は患者の体温や脈拍、血圧などをチェックし、治療の成果を確かめ、健康な体に戻す医者のようなものである。

死に瀕すれば、生活を大幅に改善し、生きることにとって重要なことと些細なことをはっきりと見抜くことができるようになる。日産の人々はまさにそのプロセスを歩んだ。彼らは生き延びるために必要なことを見抜き、重要なことと些細なことを区別し、一連の優先順位を確立した。

あとから振り返れば、ルノーとのアライアンスやマネジメントの多文化アプローチ、グローバルな事業展開などは、日産の歴史に残る重要な一ページとなるだろう。日産は激動の数年を経て、日本の自動車メーカーの中でも異色の存在となった。

社内には私に会社を完治させる力がないのではないかと危ぶむ声もないわけではなく、結局は従来のやり方に戻ろうとする傾向が現れる可能性もないとは言えない。また、日本人の中には日産の復活は日本人社長の手でやり遂げてほしいと感じている人がいることも理解できる。

しかし、現実には、日産の復活は日本の日産社員の手で行われているのである。私はガイドラインと優先順位とプロセスを確立した。それを彼らが実行した結果が二〇〇〇年度の決算報告なのである。

日産は一九九九年以来、長い道のりを歩んできた。たしかに困難ではあったが、やりがいのあるすがすがしい道のりでもあった。

私は数多くの困難な決断を下さなければならなかった。こうした決断は私の中の強い信念から生まれたものでなければならなかった。日産には、累積する債務や損失、そして先細りのマーケットシェアが重くのしかかる過去ときっぱり決別する時期が訪れている。これが私の結論だった。

私は次の三つを最大の必達目標として掲げ、いずれかひとつでも達成できなかった場合は責任を取って日産を去る決心をした。①二〇〇〇年度に黒字化を達成すること、②二〇〇二年度に営業利益率を最低四・五パーセントに増やすこと、③二〇〇二年度に有利子負債を七〇〇〇億円以下に削減すること、の三つである。

計画の信頼性を担保し、社内的にも社外的にも私がＮＲＰに全力投球するという意気込みを知らせるうえで、このコミットメントは重要だった。トップに立つ人間が究極の犠牲を払うとしたら、「この目標を達成できなければ辞任する」という言葉しかない。

日産の過去については私には責任はない。しかし、私はＮＲＰの信頼性をアピールするために、あえて「自分の職を懸けて」という言い方をした。実際には仕事以上に、自分のキャリアと未来すべてを懸けたのである。

私がこう言ったことで結果的に、私の日産に対するコミットメントはかなりの信頼性を獲得した。「はたして本当に日産を復活できるのだろうか」という人々の懸念や懐疑的な見方を、完全に払拭するには至らないまでも、ある程度抑えることはできたのである。

そして、私たちはいま、まさに復活の途上にある。

ＮＲＰに着手したことで、社員の生活に大きな影響が生じたことは承知している。彼らに対して個人的には同情を禁じ得ないが、日産は問題を解決するために私をトップに選んだのである。日産の要求は会社の復興と倒産の危機からの脱出だった。感情や苦悩を反映した意思決定などは誰も期待していなかった。彼らは私を会社のセーフガードとして信頼したのだ。

感情というものは個人的なもので、プロ意識とは別物だ。感情を露わにすることは社長の仕事ではない。私のいちばんの仕事は、日産が生き延び、成長し、収益を上げることであり、これが株主やディーラー、サプライヤー、顧客、社員、そして日産にかかわるすべての人々が私に望む仕事である。

人々が私を尊重しついてきてくれるのは、私なら日産を立て直すことができると信じているからだと思う。私がどんな気持ちでいようと、寿司を食べようとカラオケに行こうと、彼らにはどうでもいいことだ。彼らは私にリーダーシップを期待し、私はその期待に応えようとしている。

私が難しい決断を避ければ、本来の任務を怠ることになる。私は初めから、自分の任務はひとつだけだ、日産を速やかに、それも長期的に立て直すことだけだと言い続けてきた。仕事が完了したら、「厳しいだけではない面」を見せる余裕も生まれるだろうが、仕事を達成するプロセスでは、社員にもルノーにもサプライヤーにも、誰に対しても妥協はしない。

私のやり方について、外部のさまざまな人々から批判が寄せられた。「ここは日本なんだ。日本のやり方をしろ」と。だが、これは文化の相違の問題ではない。本来の任務を遂行することは、ビジネスとしてまっとうな考え方だ。私のやり方は昔ながらの経営者たちには嫌われると言う人もいるが、そのような観点から私のやり方を非難するのはおかど違いだと反論したい。非難する経営者たちはきっと、妥協し、コア・ビジネスから外れても問題ないだけの利益を上げているのだろう。

損失を抱え、マーケットシェアが着実に減少している会社は基本に戻らなければならない。私たちは正しいマネジメントの基本に立ち返ることにした。日産を率いる立場にいる私は、富とバリューの創造に向けて会社を引っ張っていかなければならない。会社の成長を保証することによって、社員のモチベーションを維持し、株主を喜ばせ、顧客を満足させることができるのである。私はこうした責任を真摯に受け止めている。だからこそ、NRPに着手するにあたって、日産を黒字化できなければ辞任すると宣言したのである。ああいうことを口にするのはクレージーだと言う人もいるが、決してそうではない。私は自分の信念に忠実に話しただけである。社長は自分の最も重要な任務に集中し、やり遂げなければならない。そして、万が一失敗したときは、その結果を受け止めなければならないのである。

どの会社だろうと、本来の責任をおろそかにしている経営者を見ると私は不愉快になる。私は常に自分の責任を忘れないように、自分にこう言い聞かせている。「任務を忘れるな。任務を忘れたら仕事をする意味がない。自分の仕事に集中できなければ、何の成果も得られず、信じてくれる人々を裏切ることになるだろう」

私自身の将来について言えば、私が日産を去りルノーのCEOに就任するとの憶測が飛び交っている。各国のマスコミはゴーンが条件の良いゼネラル・モーターズやフォードのオファーを受け入れるだろうとさえ報道し、日本のマスコミは私の後任に日本人エグゼクティブが就任する可能性について書きたてている。

ルイ・シュヴァイツァーは引退後、カルロス・ゴーンにその座を譲りたいとの意向を明らかにしているが、たとえ私がルノーに移ったとしても日産との絆が断ち切られるわけではない。

もしマスコミが私の経歴を注意深く辿ってくれれば、ひとつのはっきりした原則を発見することができるだろう。すなわち、「ゴーンは未完のまま仕事を放り出すことはしない。完成するまでは必ず自分の目で見守り続ける」ということである。

社長たる者、自分が設定した目標を達成したときに初めて会社を去ることができる。これが私の哲学である。日産では目標の大半がいまだ未達成であり、少なくともすべてを達成するまでは私は日産に留まるつもりである。日産が永続的な収益増を確保できるようになるまで手助けすること以外、いまの私には何の計画もない。

謝辞

本書は私が初めて書き下ろした本である。振り返ってみると、本の執筆という作業は、これまでの人生で私が直面したさまざまな挑戦と同じように、クロス・ファンクショナルな仕事だということが分かる。時間と忍耐、そして多くの献身的な人々の支えがあって初めてやり遂げることができた。支えてくれた人々の多くは裏方のまま表舞台に出ることもないが、私は決して忘れることはないだろう。

本書のために多くの友人や家族、そして世界中の大陸に点在するかつてのミシュランやルノーの仲間たちが喜んで貴重な時間を割き、インタビューに応じてくれた。私の記憶や記録のあいまいな部分を補うことができたのは彼らのおかげである。ごく個人的な思いや私とは異なる視点からそれぞれの見解や思い出を語ることで、彼らは本書の完成に多大な貢献をしてくれた。この場を借りて深い感謝の気持ちを捧げたい。

さらに何よりも、私と私のマネジメント・スタイルに対して、忌憚のない誠実な意見を提供し協力してくれた日産の方々に感謝しなければならない。彼らとは毎日顔を合わせるわけではないが、私たちはともに「日産に再び成長と収益をもたらす」という同じ任務を遂行する仲間である。

多忙なスケジュールのなかで本を書くという困難な仕事を強力にサポートしてくれたミゲール・リーヴァスミクー氏、カーミット・J・カーベル氏、ダイヤモンド社編集部の御立英史氏にも御礼を申し上げたい。彼らの尽力がなければ本書が実現することはなかった。

最後に、透徹した批評眼の持ち主であり、私が最も信頼するパートナーである妻のリタの名前を挙げさせていただきたい。彼女は常に私の精神的な支えとなってくれた。彼女と子どもたち、キャロライン、ナディーヌ、マヤ、アンソニーの愛情に、そして彼らを愛する機会が与えられたことに、限りない感謝の意を表したいと思う。

二〇〇一年一〇月　東京にて

カルロス・ゴーン

訳者あとがき

危機の時代に求められるのは強力なリーダーシップである。本書は日産再建の立役者たるカルロス・ゴーンが、みずからのマネジメント・スタイルが形作られた足跡を明らかにしたものである。危機的状況で発揮される彼のリーダーシップのありようには、極めて普遍的かつ今日的な価値がある。

近年、ビジネスの世界のみならず、経済、政治、行政、教育、医療、家族など、ありとあらゆる場面で制度疲労とも言える弊害が噴出している。今日、「燃え盛るプラットホーム」と「クロス・ファンクショナリティの欠如」という、本書の二つのキーワードに無縁でいられる人などいないだろう。

カルロス・ゴーンがそのキャリアの中で経験的に培ってきたコンセプト「クロス・ファンクショナリティ」は、解決策そのものではなく、あくまでも問題解決への可能性を拓く方法論である。状況が厳しければ厳しいほど運用する側のモチベーションが高まり、正しい解決策を導き出す可能性が高くなるという点に勇気づけられる読者も多いだろう。

もちろん、クロス・ファンクショナリティさえ導入すれば万事うまくおさまるのかと言えば、そうではない。ここで問われるのはそれを実行に移すリーダーの資質である。

カルロス・ゴーンのリーダーシップは、有無を言わせず人々を引っ張っていく類いのものではなく、人々が自ら進路を見出す手助けをする、というものだ。その意味で彼の資質は、数字で押しまくるコスト・キラー、冷徹な辣腕といった、既成イメージとは合致しない。

ミシュラン・ブラジル、ミシュラン北米、ルノー、日産という、企業カルチャーも国もまったく異なる環境で、彼が例外なくマネジメント手腕を成功裏に振るうことができた要因は、既成概念にとらわれず、というよりそもそも既成概念というものを持たず、眼下の状況を受け入れたうえで対応する、柔軟でしなやかな姿勢にある。彼のようなクールで透明なアウトサイダー、新しい国際人がグローバル・ビジネスを牽引する時代が到来したのである。

本書完成までのプロセスは、原稿執筆と翻訳が同時進行するというスリリングな展開だった。矢継ぎ早に送られてくる加筆と修正を見る限り、家庭に仕事を持ち込まない主義のゴーンさんも、今回ばかりは例外だったのではないかと思う。彼の文章は人となりそのままに力強く、明快かつシンプルであり、事実を誠実に伝えようとする姿勢に貫かれていた。訳出にあたっては「メッセージの本質的なエレメントを明確に伝える」ように心がけたつもりである。

いろいろとご協力いただいた著者カルロス・ゴーン氏、執筆協力者のミゲール・リーヴァスミクー氏とカーミット・カーベル氏、そしてダイヤモンド社の御立英史氏に心からお礼を申し上げたい。

二〇〇一年一〇月

中川治子

著者紹介

カルロス・ゴーン（Carlos Ghosn）

1954年3月9日、ブラジル生まれ。父はレバノン系ブラジル人、母はレバノン系フランス人。エコール・ポリテクニーク（国立理工科学校）、エコール・デ・ミーヌ（国立鉱山学校）を卒業。78年、ミシュランに入社。85年、ミシュラン・ブラジルCOO（最高執行責任者）。89年、ミシュラン北米CEO（最高経営責任者）。96年、ルノー上級副社長。99年6月、日産自動車にCOOとして着任。2000年6月、同社社長兼COO。2001年6月より社長兼CEO。妻と4人の子どもとともに東京で暮らす。

訳者紹介

中川　治子（なかがわ はるこ）

武蔵大学人文学部日本文化学科卒業。美術工芸から環境問題、メンタルセラピー、ビジネスモデルに至るまで多岐にわたる翻訳に従事。訳書に『eBayオークション戦略』などがある。

ルネッサンス

再生への挑戦

2001年10月25日　初版発行

著者／カルロス・ゴーン

訳者／中川　治子

執筆協力／ミゲール・リーヴァスミクー

カーミット・カーベル

カバー写真／柳浦　洋

装丁／einc.

製作・進行／ダイヤモンド・グラフィック社

印刷／堀内印刷

製本／石毛製本

発行所／ダイヤモンド社

〒150-8409　東京都渋谷区神宮前6-12-17

http://www.diamond.co.jp/

電話／03･5778･7233（編集）　0120･700･168（受注センター）

ISBN 4-478-32100-0